U0608770

# 指向思维品质提升的
# 高中英语读写结合教学研究

田美红　著

汕頭大學出版社

图书在版编目（CIP）数据

指向思维品质提升的高中英语读写结合教学研究 /
田美红著 . -- 汕头 ：汕头大学出版社，2022.9
　ISBN 978-7-5658-4809-4

　Ⅰ. ①指… Ⅱ. ①田… Ⅲ. ①英语－阅读教学－教学
研究－高中②英语－写作－教学研究－高中 Ⅳ.
① G633.412

中国版本图书馆 CIP 数据核字（2022）第 177387 号

指向思维品质提升的高中英语读写结合教学研究
ZHIXIANG SIWEI PINZHI TISHENG DE GAOZHONG YINGYU DUXIE JIEHE JIAOXUE YANJIU

作　　者：田美红
责任编辑：陈　莹
责任技编：黄东生
封面设计：刘梦杳
出版发行：汕头大学出版社
　　　　　广东省汕头市大学路 243 号汕头大学校园内　邮政编码：515063
电　　话：0754-82904613
印　　刷：廊坊市海涛印刷有限公司
开　　本：710mm×1000mm　1/16
印　　张：7
字　　数：120 千字
版　　次：2022 年 9 月第 1 版
印　　次：2023 年 1 月第 1 次印刷
定　　价：46.00 元
ISBN 978-7-5658-4809-4

版权所有，翻版必究

如发现印装质量问题，请与承印厂联系退换

# 前 言

学生的思维品质不仅是英语学科核心素养的重要组成部分，更是学生个人发展的重要元素之一。提升思维品质的过程也是语言能力发展、文化意识成长、学习能力提高的过程，更是学生全面发展个人素养的过程。在英语教学中，读与写是高中英语教学十分重要的两个方面，读写结合是教师开展英语教学常用的方式，应在高中英语读写结合的课堂中逐步培养学生的思维品质。教师应基于思维品质培养目标，深度解读阅读文本，确定思维品质培养的着力点，根据学情，设置读写结合课堂的思维品质目标，有意识、有计划、有重点地培养和发展学生的思维品质。

鉴于此，笔者撰写了《指向思维品质提升的高中英语读写结合教学研究》一书。第一章作为本书论述的基础与前提，分析思维与思维品质的内涵、高中英语教学的观念与原则、高中英语的阅读与写作教学；第二章记叙高中英语阅读与写作教学中的思维活动，内容涵盖高中英语阅读教学中的思维活动、高中英语写作教学中的思维活动、高中英语读写结合教学对思维能力的影响；第三章探讨高中英语读写结合教学的模式与策略、高中英语思维型读写结合的课堂教学、高中英语读写结合教学中思维导图运用等问题；第四章突出实践性，研究高中英语不同文体的读写结合课堂教学实践、指向思维品质提升的高中英语读写结合的教学策略、指向思维品质提升的高中英语读后续写的教学实践。

全书结构由浅入深，逻辑清晰、明了，内容通俗、易懂，客观、实用，理论与实践相结合，具备较强的时代性、系统性、操作性和可读性。在对高中英语读写结合教学进行深度分析的同时，将知识点融入时代发展潮流，全面阐释了思维品质提升教学质量的创新策略。

笔者在撰写本书的过程中，得到了许多专家学者的帮助和指导，在此表示诚挚的谢意。由于笔者水平有限，加之时间仓促，书中所涉及的内容难免有疏漏之处，希望各位读者多提宝贵意见，以便笔者进一步修改，使之完善。

# 目 录

Contents

# 1

# 思维与高中英语教学理论

在不断推进素质教育改革的背景下，高中英语教师在日常教学中，既要注重提高教学效率，又要注重培养学生的思维品质，因为，良好的思维品质是一个高中生必备的核心素养，教师需要将"培养学生的思维品质"这项工作列入学科教学培养内容中，在提高学生英语知识学习和应用能力的基础上，促进学生全面发展。基于此，本章主要围绕思维与思维品质的内涵、高中英语教学的观念与原则、高中英语的阅读与写作教学展开论述。

# 第一节　思维与思维品质的内涵

## 一、思维的内涵

思维隶属于哲学、语言学、心理学、逻辑学等学科，是多个领域下的子命题，因此，不同的学科对思维的定义是有所偏指的。但概括性是思维最基本的特点，它体现在掌握概念、掌握概念所包含的所有知识以及深化、内化、简缩化概念。也就是，能够在思维深处储存越来越多类别化、简缩化、密集化的知识体系。

## 二、思维品质的内涵

思维品质是指一个人思维能力的具体特点和实际表现。一个人在思维活动的过程中所表现的差异和层次构成了自身的思维品质，反映了个人的智力水平和思维差异。思维品质的差异主要体现在五个方面：敏捷性、深刻性、灵活性、独创性、批判性。

### （一）敏捷性

思维品质的敏捷性是指一个人在思维的过程中，能够又快、又好地解决问题。如果一个人能够在遇到问题时，找到事情的根源，做出正确的判断，提出相应的结论或解决措施，那么，我们认为这个人的思维品质具有敏捷性。思维品质的敏捷性在英语学科的学习中也有着举足轻重的作用。英语课上对思维敏捷的要求体现在学生在学习英语知识时，能够迅速将知识吸收和重组，转化为自己的内部语言，并且能够在需要解决某种问题的时候，在知识网中筛选相关信息，运用适当的方法，最终实现解决问题的目标。

### （二）深刻性

思维品质具有深刻性，是对学生是否能够透过现象看本质的能力的考察。具有深刻思维的人，不会局限在表面的次要信息，而更加关注于本质的全局的东西；不会局限于解决问题的一般方法，而更加执着于寻找特殊的途径；不会局限于掌握粗浅的概念性知识，而更加热爱钻研细节的、疑难的探究性知识……缺乏思维深刻性的人，将思考停留在浅层，抓不到事物的本质，也就无法科学预测未来可能发生的事情。

### （三）灵活性

思维品质的灵活性体现在面对事态的不断变化，能够举一反三，突破常规，不囿于已有的知识经验，提出新问题、新观点，灵活地进行思考。英语学科涉及面广，综合性强。因此，英语教学中的听说读写都要求英语学习具有思维的灵活性。对于同一个文本，可以有多个角度的解读方式。在写作文的时候，不能生搬硬套别人的观点、语句，不可不管主题不论要求机械引用。另外，英语学习的方法应灵活多样，应该根据自己的情况学会取舍，摸索出适合的方法。

### （四）独创性

思维品质的独创性包含了两个维度，分别是独立性与创新性。独立性体现在思维结果是独立思考的产物，是某人或某群体的独具卓识。创新性体现在人类认识的新领域，是区别于原有旧思维而存在的，同时，它也可以是认识和解决某一事物的新途径。在英语教学中，培养学生思维的独创性可以通过积极求异、敏锐洞察、丰富想象、活跃灵感、新颖表述及广积知识等途径达到。

### （五）批判性

思维品质的批判性是衡量一个人是否具有开拓性、创造性的重要因素。依据高中生心理发展的特点分析，他们在这一时期渐渐展现出自主性，开始自主地看待事物、认识事物及评价事物。他们不满足、也不尽听信书本上既有的间接性知识，开始分辨、质疑旧观点并提出新观点。随着年龄的增长，高中生的批判思维有了质的飞跃，他们不仅开始关注观点的正误，还开始关注产生错误的原因、纠正错误的途径。简言之，高中生不仅开始思索学习材料本身的正确性，还开始思索思想方法的正确性。

# 第二节　高中英语教学的观念与原则

## 一、高中英语教学的观念

### （一）教师教学的观念

《普通高中新课程英语教学指导意见》是现阶段课程改革的纲领性文件，更是我们实施教学行为的教育观念与教育思想的支撑，它对英语教师的教学具有直接的指导意义，也为广大英语教师的自身业务发展和有效教学行为提出了要求。高中英语教师应该深入学习和研究它，努力在教学实践中摸索出一条属于自己的、切合实际的教育教学思路，树立全新的教学理念。

1.面向全体学生且满足学习需要

普通高中教育是面向大众的基础教育，英语教学也必然要为全体学生终身发展奠定基础。学生在英语课程学习中会存在智力、习惯、兴趣、性格、态度、语言基础、能力、学习方式等方面的差异。教师要承认和尊重差异，以先天的禀赋为基础，尽可能挖掘和发挥学生学习英语的潜能，并获得稳定的、长期发挥作用的基本品质结构，对于学生英语学习过程中的思想、知识、身体、心理品质等，教师都要认真关注，以便满足不同学生的不同学习需要，真正做到面向全体学生。

2.关注基础学习，为发展创造条件

帮助学生打好语言基础，为他们今后升学、就业和终身学习创造条件，并使他们具备作为 21 世纪学生所应有的基本英语素养，这应该是英语教学的方向。随着我国经济、文化等方面的不断进步和发展，对外交流的机会越来越频繁，外语学习已经成为全社会共同的需要，通过学校教育获取外语知识越来越重要。那么，新的英语教学方向就既要顺应时代潮流和人的自我发展需要，也要顺应未来社会发展的需要。英语教育应成为一种积极的，以关注人生、成就人生为主导的人文教育。

高中英语教师要根据学生的认知特点和学习发展需要，着重提高学生用英语获取信息、处理信息、分析和解决问题的能力，培养学生用英语进行思维和表达的能力，为学生进一步学习和发展创造必要的条件。

3. 优化学习方式增强自主学习能力

"优化学习方式"就是使学习方式尽可能完善，从而产生最佳效果，而一个完美的或高效的学习方式有赖于学生的自主学习能力，以达到自我调节和自我完善的目的。培养自主学习能力的过程就是进行自主学习的过程，是引导学生养成积极、主动的学习习惯，形成各自有效的学习策略的过程。

学习方式（Learning style）不仅是指具体的学习方法，也是指学习新知识或解决问题时采取的一贯方式。学生接受教师所传授的、课堂所讲授的、书本所灌输的知识，然后去理解、记忆并回答考试题的传统教学方式虽然能使部分学生奠定扎实的基础，但学生并没有受到应有的尊重，得不到应有的发展，难以发挥主动性和创造性。因此，高中英语课堂教学要优化学生的学习方式，提高其自主学习能力。

## （二）学生学习的观念

高中生英语学习观念直接决定了学习的方式和效果。因此，树立正确的学习观念是英语学习过程中的首要问题，更是值得广大一线教师和学生共同研究的问题。

英语学习观念（English Learning Belief）是人们对如何学好英语的认识。特定的文化环境、个人的经历和他人的言行造成了学生英语学习观念的丰富性、差异性。但在新课程背景下，对学生学习效果及学习能力有更新的要求，这些要求是传统的学习方式不能满足的。因此，广大一线教师要指导学生树立新的学习观念和探究新学习方式。

作为课程改革的最大受益者的学生，要树立全新的学习观念。要从自身是学习的主体的角度去关注自己的学习及各种能力的培养和提高。

1. 自主学习

自20世纪80年代以来，自主学习已逐渐发展成为教育的热点，尤其是"语言学习的自主性"更是被广泛关注。自主学习即启发和引导学生从"不会"到

"学会"，再到"会学"，逐步培养学生自主学习的能力。学生的个性是认识的主体，实践的主体，自我发展的主体。学生应该由一个知识的被动接受者变为自我积极探究的学习主体，在接受知识本身的同时体验获得知识的乐趣，学会获得知识的方法。

2. 多元学习

学生在学习英语的过程中都展现了其特有的优势，即独特的学习方法和不同的学习潜能。针对这些学生，教师应该充分挖掘他们自身不同智能的优势。树立多元学习的学习理念、培养学习兴趣、激发学习动机是当今学生最应该关注的事情。

3. 终身学习

现代社会是一个生理寿命延长、知识寿命缩短的社会，知识经济时代的学习与以往相比，无论是在内涵上还是在内容、方法、时间安排及相关影响上都存在着差异，主要表现在：第一，学习内容扩大与更替周期缩短；第二，知识总量的扩张与更替周期的缩短，每个人的学习时间都是由青少年时期延伸到人的一生；第三，学习是维持生计与创造新的生活的手段。学习就是我们工作的组成部分，所以，各行各业都提倡继续教育，终身学习。只有不断学习，才能始终把握科学技术发展的脉搏，才能始终站在知识创新的前沿，才能不断增强自身的竞争力，不断拓展自己的生存空间。如果停止学习的时间越久，则可用的知识越陈旧。反之，如果不断学习，则脑力使用越频繁，理念越新，个人的生命力愈强，社会的活力也越丰沛。所以，作为学生更应该养成终身学习的观念。

4. 优化学习

优化学习观应该包括两个重要部分：优化学习方式和最佳的学习效果。学生应该树立运用现代化学习手段和寻求探究良好的学习方式理念，同时更应该明确，学习辅助手段的优化是良好学习效果的重要保障。如利用多媒体手段、分组讨论合作探究等学习方式都可以让自己积极地投入英语学习中，从而在轻松的课堂氛围中提高学习效率。优化学习理念也包括学生在学习过程中，通过认真研究、思考选择适合自己的学习策略，在有限的时间内，达到最高质量的学习目标，如，经常运用知识梳理归纳法、趣味知识联想法等策略。

5. 创新学习

新课程标准下的英语学习要求学生从自身出发，挖掘自身潜能和学习的积极性、主动性，进行自主、探究、合作式学习。这一学习目标的实现，要靠学生积极探索、大胆创新，不断将创造性思维融入学习的情境中。当前，英语学习存在很多问题，最严重的莫过于学生对学习英语不感兴趣，缺少学习英语的动力。想要提高中学生英语学习的积极性、主动性，树立学生学英语的自信心，就要转变学生的学习观念，优化学习方式，积极营造一个轻松、愉快的学习环境。

（1）科学利用多媒体和网络技术优化英语学习

运用多媒体技术创设教学情境，激发学习兴趣，做到寓学于乐。截至 2021 年 6 月，我国网民规模达到 10.11 亿，互联网普及率达 71.6%，并且通过使用计算机这种受到大众喜欢的方式，对文字、图像、声音、动画等信息进行处理，形成声、像、图、文并茂的学习系统，起到激发兴趣、引人入胜的效果。通过对多种资源再利用，做到对知识信息的不断加工、组合和整理，真正实现英语学习的大容量、快节奏、高效率的特点。在搜集、整理和应用资源的过程中，实现将知识、能力、价值观融为一体。此外，我们在使用多媒体学习时，要充分考虑到自身学习的主动性和创造性，为学会自主学习提供前提条件。同时，为学习者提供更加广阔的创造性思维空间，通过多媒体学习系统引发学习者思考、讨论、回答问题，开发自主意识。

（2）充分发挥传统学习手段的优势，探索学习的新思路、新方法、新模式，"复习铺垫，以旧引新"与"创设情境"共存

学生要努力营造积极、主动、活泼的学习氛围，充分挖掘成功的学习经验和学习方法。课前先对教学内容、教学过程、教学步骤进行大致的分解，探索知识的规律，认识其本质特征，培养思维能力，掌握学习方法，这也是多媒体教学所达不到的。

### （三）教学发展的观念

教学的产生和发展受到许多因素的制约，但社会、学科知识或能力和学生是设计和规划课程时要考虑的三个要素。当今世界，知识经济的兴起、社会的信息化和经济的全球化使国际竞争日益加剧。与此同时，全球化进程亦使国际交往日益频繁，要融入全球竞争和参与国际交往，就必须掌握国际性的交际工具。作为当今世界重要科学技术、经济交往、金融贸易、文化娱乐产业交往中最重要的语言，英语被视为是推动国际交往和促进社会经济发展的重要途径。根据我国新一轮基础教育课程改革的精神要求及国际英语教学的改革发展趋势，从

《普通高中英语课程标准》所体现的理念来看，英语课堂教学将出现如下发展趋势：

1. 以学生发展为本

正如《基础教育课程改革纲要》所指出的，贯穿本次课程改革的核心理念是为了每位学生的发展。这一基本的价值取向预示着我国基础教育课程体系的价值转型，这种价值取向和课程体系的价值转型在作为英语课程改革指导性纲领的《普通高中英语课程标准》里有全面体现。教育的根本目的在于提高人的素质，作为基础教育的英语教育，课程改革应顺应时代发展的需要，以学生为本，面向全体学生，关注学生的身心健康，促进学生的全面发展，努力培养学生健全的人格，提高学生的人文素养，扩大跨文化的国际视野，造就新一代高素质的学生，这将是英语课程改革发展的趋势。

具体而言，英语课程改革首先要改变一味培养学生掌握语言知识和语言交际能力的情况，更多地要激发学生对英语学习的热情，使学生能够以兴趣为动力，认真学习英语，从而掌握听、说、读、写等基础技能，并且具备综合运用英语的能力，树立学生的自信心，帮助学生养成良好的学习习惯，教会学生在学习过程中能够使用有效的学习方法和策略，发展学生自主学习的能力，学会综合运用各类学习资源，为其终身学习与发展打下坚实基础；其次要充分了解学生的认知水平，从他们的实际水平和生活经验出发进行教学，鼓励学生自主探究，积极参与实践活动，培养学生的观察力、想象力与创新力；最后，还要在英语教学工作中使学生了解中西方文化的差异，加强学生的跨文化理解和交流能力，培养学生的爱国主义精神和正确的世界观、人生观、价值观。英语课程目标的制定、教材内容的编写、课堂教学的方式、教学活动的测评等，都应围绕这一目标来开展。

2. 进行多元化的发展

《普通高中英语课程标准》是根据我国新一轮基础教育课程改革的精神制定的某一学段的共同的、统一的基本要求，而不是最高要求，为保障和促进课程对不同地区、学校、学生的要求，实行国家、地方和学校三级课程管理。我国地域辽阔，地区之间在英语课程的开设条件、师资条件、教学条件、英语教学实际状况和对英语教育的需求等众多方面都存在着较大的差异，统一的课程标准要求不仅不符合教育规律，还会桎梏教育的发展。因此，《普通高中英语课程标准》提出的分级教学目标既符合我国英语教学的实际，也体现了基础英语教育将来的发展趋势。

随着课程改革深入，地方在坚持共同的英语教学目标、执行国家课程的基础上，不能单纯作为中央课程政策的执行者，而是可以根据自身情况进行课程开发，以完善地方负责、分级办学的基础教育管理体制，同时也为地方结合本地区具体情况设置具有特色的英语课程提供了空间，有利于提升学生的综合素质。此外，学校自主管理课程的权限也会得到增强，对学校以教师为主体开发校本课程的行为将给予奖励，希望能有更多、更好的课程不断涌现。总而言之，以各地区实际为基础的多元化课程设置将会产生并逐步发展起来。在《普通高中英语课程标准》中，将学习者分为了 1 ～ 9 级，这一做法对于实现英语课程的多元化有很大的帮助作用，学生每达到一级标准，无论是否还会继续学习更高级别，都体现了素质与能力的提高，都可以看作英语教育取得了一定的成功。

此外，伴随课程设置多元化而来的是教材的多元化。在"一纲多本"教材编写的基础上，通过总结经验，将会出现"多纲多本"的教材编写方式。可以肯定的是，供给体制将会出现。换言之，一套教材的格局会被打破，取而代之的是具有不同风格特色、适合不同发展地区、满足不同学生需求的教材将会出现，各地区与学校可以根据自身需要选择合适的教材，甚至可以直接引进国外的英语教材，这将推动多元化英语教学的发展。

3. 实行开放式的发展

社会的发展带动科学技术迅速发展，多媒体、计算机、互联网等现代科学技术将会更多地被应用于教育中，这必然会对英语教学的环境和方法产生极大影响，加速英语教学方式从"以教师为中心"向"以学生为中心"转变。同时，现代教育技术的加入使教师的教学方式、课程内容的呈现方式和学生的学习方式都会发生显著变化，这也给教师的教学和学生的学习活动带来不小的挑战。

计算机、电视、投影仪、各类教学软件等工具逐渐在教学中被普及，更多地出现在课堂上，这对于课程内容的呈现与教师教学的方法而言，都有巨大的影响，在这种背景下，教师的教学手段将更加丰富，课程内容呈现将更加直观、形象，这些都有利于激发学生的学习热情，并且能够改变过去枯燥的教学方式，使教学活动更具吸引力。同时，课外读物、音像资料、广播电视、网络资源等都是教材外生动、鲜活的语言学习资源，这些资源能够使教师打破教材的束缚，不再一味地为了教授教材而教。现代教育技术与多样的课程资源促进了开放式英语学习方式的形成与发展，对教师的教学方式和学生的学习方式产生了很大的影响。

运用现代科技开阔了学生的眼界，拓宽了学习渠道，无论在哪里，学生都可以进行学习。

此外，在经济较为发达的大中型城市，不断涌现多样化的英语私立学校，这对传统的英语教学模式产生了巨大的影响。我国旅游业的发展吸引了越来越多的外国游客，很多学校开始直接聘请外籍教师来学校任教，这些都将成为推动英语教学不断发展的重要动力。

总而言之，我国的英语教学呈现出开放式的趋势，必将会迅速提高英语教学的总体水平，在这样的情况下，教师必须尽快掌握现代教育技术，完善自身的知识结构，提高自身的教学水平，以应对即将到来的严峻考验。

## 二、高中英语教学的原则

新课改的英语教学改变了传统的教育理念，建立了一种全新的教育模式。提倡在教学活动中将学生放在主体地位，发挥学生的主动性和能动性，让学生能够在英语课堂上积极参与、勇于实践、敢于创新、质疑探究，使英语课堂成为学生尽情发挥的重要场所，这种教学模式改变和颠覆了传统的教学思想，不仅需要广大英语教师真正领会新课改的思想内涵，还需要教师在教学方式、学生在学习方式上做出根本的转变。作为一线高中英语教师，关注课堂教学效果，提高高中生的英语水平是英语教学最根本的目标。

### （一）转变性原则

在传统的英语教学模式中，教师是教学活动的主体，学生只是被动地学习，根本没有自由发挥的空间，学习没有灵活性，这种英语教学模式不利于学生英语能力的培养。新的英语课程改革完全颠覆了传统的教学理念，突出学生在教学活动中的主体作用，将学生放在教学活动的重要位置。为此，英语教师要结合英语教学的方向和学生的特点，精心设计好课堂教学过程，让学生能够积极投身于教师设计的情境模式中，从而激发其学习兴趣，唤醒学生学习的情感需求。教师应合理安排课堂节奏，有针对性地向学生传送教学信息，培养学生发现问题、分析问题、解决问题的能力。"同时，教师要和学生建立一种和谐、融洽的师生关系，和学生能够平等交流、相互促进、共同进步，让学生在轻松、愉快的学习氛围中提高英语水平。"①

## （二）开发性原则

兴趣是学好英语最关键的因素，尤其是高中英语教学，更应该注重学生兴趣的培养。英语学习兴趣是学生对于英语教学积极的情感投入因素，主要取决于三个因素：一是事物的特征。特征比较突出、鲜明、具有强烈刺激性的事物容易激发学生的求知欲和好奇心。二是学生本身的特征。某些具有鲜明特征的事物，可能会引发学生的情感认同。但是，并不是所有人都有这种感觉，这取决于学生本身的特点。三是学生的情感体验。兴趣情感的产生除了外部刺激外，还要靠情感思想的共鸣，只有学生真正投入学习中，才能激起学生的情感体验。所以，英语教师应根据兴趣培养的特点，遵循科学的原则，激发学生的学习兴趣。例如，对于高中生可以采用图片引导、音乐指导、多媒体辅助等方式教授，让学生在多种感官的刺激下产生学习兴趣。教师还可以根据高中学生的年龄特点，采取小组游戏活动的方式，让学生在欢乐的气氛中学习知识。总而言之，英语教师应抓住兴趣方向引导学生学习的方式，让学生在积极的情感中学习。

## （三）任务性原则

英语教学的首要任务就是通过英语课堂教学提高学生运用英语的能力，提高学生的英语水平。只有教师有明确的教学任务，教学过程才能科学而有序进行。因此，英语教师在设计课堂教学或者安排教学活动时，主要应以英语教学任务为根本，以培养学生的英语交际能力为目标，不但要关注学生学习的结果，还要注重学生学习英语的过程，培养学生自主学习的能力。教学任务从某种程度上说是学生学习的桥梁和纽带，教师通过教学任务的完成，可以激发学生学习的兴趣，让学生真正参与到英语语言学习中，从而提高学生的英语能力。另外，教师在完成教学任务的过程中，要和学生的实际生活紧密联系，只有将任务的完成渗透到学生的生活中，才能激发学生学习的情感，感受到英语学习就在身边，从而提高学生完成教学任务的积极性。

---

① 杨晓霞.高中英语课堂教学原则[J].教师博览（科研版），2015（4）：59.

### （四）目的性原则

英语学科的学习从本质上看主要是语言的学习，重点是培养学生英语交际的能力，这才是英语教学的最终目的。教师应结合英语教材的相关内容，不只是教授英语基础知识，重点要提高学生运用英语语言对话的能力，注重英语语感的培养，要根据交际的环境，结合语音、语调、感情色彩等方面，锻炼学生用英语交际，使学生对英语常用口语能熟读、熟记。

英语教师在课堂教学中要充分创设英语交际的情境，时常利用英语教材的相关资料适当丰富交际语境，让学生在实际生活中体会英语交际语境，如，教师可以设置在商店买东西的情境，通过学生之间的互动交流加深对英语交际的掌握。另外，教师可以让学生了解西方国家的风土人情，增强英语交际的真情实感。我们知道，语言是传递文化的重要载体，学习一种语言，从某种程度上来说是对语言文化的深刻领悟。所以，教师在讲授英语的同时，可以通过文化的渗透感染来加深学生对语言的领悟，从而提高其英语交际的能力。

### （五）自主性原则

在高中英语课堂教学活动中，探究式教学不仅是课堂教学内容的要求，同时也是素质教育的要求。探究式教学指的是，在教师的启发指导下，学生以自主探究合作学习为主，学生能够根据已有经验和水平，通过个人、集体等多种形式对问题进行探究、质疑、讨论、归纳、表达，将自己已经掌握的知识和技能运用到解决实际问题当中的一种教学形式。在探究式课堂教学中，教师是学生的引导者和教学活动的参与者，其作用就是激发学生学习的兴趣，调动学生学习的积极性和主动性，让学生自主去发现问题、解决问题、获取知识、提高能力。同时，教师还要努力为学生创设一种探究式的教学情境，营造一种探究式的学习氛围，以激发学生的探究欲望，促进探究活动的开展。教师要转变自己的角色，把学生作为课堂探究的主人，给学生提出明确的探究任务、探究目的，教给学生探究的方法，最终达到学生能自主交流、探究结果的教学目的。通过探究式教学可以提高学生自主学习的能力，为学生的终身学习和发展奠定坚实的基础。

总而言之，英语教师要按照新课改的要求，转变教学观念，改革教学方式，提高学生在英语教学中的主动性，创造性地设计贴近学生实际生活的教学活动，切实提高学生学习英语的能力。

# 第三节　高中英语的阅读与写作教学

## 一、高中英语的阅读教学

"对于高中生而言，提高英语阅读能力，可以帮助他们扩大词汇量，提高对英语语言和文化的理解和认识。当前，高中英语教学以阅读教学为主，这部分学习内容贯穿整个高中英语学习的始终，不但对于提高英语成绩非常重要，而且可以帮助学生提高英语知识的运用能力，以及提高文化水平和道德品质。"①

### （一）高中英语阅读教学的理论依据

1. 语言理论

（1）结构主义

结构主义是一种应用于各种学科的方法，其目的是探索一些基本要素之间的相互关系，在此基础上，社会、文化和其他结构通过其中的意义建立一个特定的制度和文化。瑞士语言学家弗迪南·德·索绪尔（Ferdinand de Saussure）是开创20世纪结构主义再现的第一人。在他的著作《世界通用语言课程》中，语言使用（言语或谈话）不是集中的，而是潜在强调语言系统。因此，语言的要素是相互联系的，是同步现在的，而不是历史的。弗迪南·德·索绪尔提出了这个建议，语言符号由两个部分组成，一个是"意"，另一个是"音"，无论是在心理上投射——像我们默默地背诵一首诗中的诗句给自己听，或者是在实际的身体体验中。弗迪南·德·索绪尔认为，语言符号是语言行为的一部分，也是一个有意义的（词的概念或意义）强调对符号内部结构的考察，而不是对符号与物体的关系的考察。

索绪尔对现代语言学产生了巨大的影响。在1914—1945年，出现了三种结

---

① 张希军.浅谈高中英语阅读教学中的问题和对策[J].中学生英语，2022（8）：49.

构语言学流派，即布拉格学派：结构语言学和功能语言学主要研究语言结构的功能；哥本哈根结构语言学学派，重视结构之间的关系；美国结构语言学学派：强调结构形式的描述。结构主义非常重要，它的影响几乎可以从各个方面看出来。美国结构主义的先驱是弗朗茨·博阿斯和爱德华。而具有里程碑意义的人物是布卢姆菲尔德，他奠定了美国描写语言学的基础，他在著作《语言科学的一系列假设》和《语言》中，继承和发展了弗朗茨的理论和方法。博阿斯和爱德华·萨皮尔的主要价值，即语言的关键在于对使语言成为可能的基本概念进行严密的辩论和平衡的表述。他是从声音到句子分析语言的语言学家。他强调可观测语言数据的客观性和系统性并不是非语言因素，而是形式的分析和分类。因此，美国结构主义是经验主义的、归纳的或基于数据的。

20世纪三四十年代被称为布卢姆菲尔德时代，美国结构主义在这一时期的发展达到了顶峰。美国结构主义的特点可以概括为：侧重于口头描述；注重形式分析，忽视语义因素；重点介绍分布情况和置换方法；采用即时成分分析；构建音素。

美国结构主义语言教学理论认为，语言是一个由不同层次的结构组成的系统。从音素到句法，每种语言中这些结构组件的数量都是有限的，学习者要学习的是这些组成部分。学习者要学习发音和单词的规则，学习语法规则，一旦他们掌握了规则，他们就学会了语言。

美国结构语言学家在语言研究中明确采用了行为主义的方法，以科学、客观性的名义回避一切涉及精神或概念范畴的问题。特别的是，他们采纳了行为主义的语义理论。根据语义的意义，简单而言就是刺激和语言反应之间的关系。语言教师应该教语言本身，而不是语言知识。语言是说本族语的人所说的话，而不是别人说的话，语言活动是刺激和反应的产物。

语言学习是掌握一套符号系统的操作技能，即形成一种语言对刺激做出准确反应的习惯。主要的方法是对结构形式进行经验模式训练，也称为刺激反应训练，这是结构主义语言教学的主要方法。以布卢姆菲尔德为代表的行为主义学派认为，语言学习是一种语言习得过程。

（2）转换生成语言学

第一，转换生成语法。转换生成语法（Transformational Generated Grammar，TGG）又称转换语法（Transformational Grammar，TG），转换生成语法是由乔姆

斯基在 1957 年出版的《句法》一书中提出的结构。他认为，世界上所有的自然语言都有一些共同的语言属性。他试图建立一个模型来描述所有的语言，探索普遍规律，以期揭示人类认知系统的本质，即人的本性。

第二，深层结构和表层结构。在语句分析中，每句话都有两个层次：深层结构和表层结构。深层结构包含所有解释句子意思所必需的单位和关系。它揭示了语言话语的基本结构，并规定语法关系和功能的句法要素，以及构成要素的语言意义。表层结构是实际产生的结构是句子的直观的、实际沟通形式，表层结构是一种相对抽象的句子结构，是由应用而产生的。在基本规则和转换规则中，深层结构与表层结构的关系是转换关系。

第三，能力和性能。乔姆斯基区分了语言能力和语言表现。语言能力是指母语者对该语言的内化知识，而语言表现则是指以英语为母语者所产生的实际话语。语言学家应该研究的是语言能力，而不是语言的表现，以英语为母语的人要建立一套规则体系，从而产生无数语法的句子。为了达到这一目标，我们应该使用演绎式假设检验。

2.学习理论

（1）行为主义

行为主义是一种心理学理论，它认为行为可以不依赖于内在的精神状态被科学地研究。行为主义逐渐影响了学习理论，这解释了外部事件（刺激）如何导致个体行为的改变（回答），不要使用"思想"或"想法"之类的概念，也不要使用任何一种心理行为。行为主义包括古典行为主义和新行为主义。俄罗斯心理学家伊凡·巴甫洛夫和美国心理学家约翰·沃森都是著名的古典行为学家，而新行为主义的主要代表人物是美国的心理学家托尔曼。约翰·沃森发表的《心理学作为行为主义者的观点》一文被认为是行为主义的入门。为了证明环境条件会导致动物有特定的行为方式，沃森做了很多关于动物和动物行为的实验。他不考虑动物的思想，断言人类的行为与动物没有什么不同。沃森的想法受到了许多心理学家的欢迎。因此，直到 20 世纪 60 年代中期，行为主义理论一直占主导地位。早期的行为主义者试图用刺激和反应来描述学习。刺激可观察到的影响行为和反应的事件是可以观察到的行为。

（2）斯蒂芬·克拉申的二语习得理论

美国语言学家斯蒂芬·克拉申以其第二语言习得理论而闻名于世。真正的语言习得是缓慢的，而且是说出来的，即使条件很好，技能出现的时间也明显晚于倾听技能。因此，那些在低焦虑情况下提供"可理解输入"的信息，是否包含这样的信息，学生们真的很想听。这些方法并不强制使用第二语言进行早期生产，但是让学生在他们准备好的时候生产，认识到改进来自供应交流和可理解的输入，而不是强迫和纠正生产。二语习得理论认为"学习不能成为获得"，流利的外语取决于学习者所获得的，而不是他们所拥有的。

（3）篇章理论

第一，篇章。篇章是社交语义单位，通过词组、短语或词这些词汇—语法单位来实现。

第二，篇章分析。篇章分析是对句子、语段或更大的、表达完整意义的语言单位进行的分析，小句是篇章分析的最小单位。篇章的线性结构成分包括五级。由大到小构成的层级网模式为：篇章（含题目）—语段（段落）—句群—复句—小句。一个完整的篇章，由上述五级单位构成，虽然以语法单位为基础，但并不等同于语法单位。成活律、包容律和联结律是句子由句法到篇章的重要参照范畴，可以看作三个范畴特征，形式化为以下内容：

［联结］：语法体现：［＋衔接语］

语义特征：［＋连贯］

语用标志：［＋关联模式］

［成活］：语法体现：［＋语调］［＋情态］［＋时态］［＋语态］

语义特征：［＋语义完整］

［包容］：体现：［－语调］［－情态］［±时态］［＋独立结构］

在上述特征中，连贯和关联模式指的是小句必须具有前后照应和相互关联的内容。而衔接语较为复杂，可以按主观性的有无，分为话语标记和语用标记。这两种标记又可以按照信息量的有无、强弱进行次分类。

（4）语篇分析理论

传统英语阅读教学忽略了英语作为专门用途英语的特殊性，注重对阅读材料语法分析，逐字、逐句讲解，逐句、逐段翻译，其结果是"只见树木不见森林"，影响了对文章的整体理解，忽略了对文体的把握，文化背景缺失，学生能够就重点词汇、短语和句子进行正确问答，却不了解整篇文章的框架结构、篇章连接方法，不能概括文章大意，对类似文体起不到举一反三的效果。所以，在语篇分析理论指导下，英语阅读不应将语言分析抽离于语境、背景知识和体裁之外。在讲授阅读语篇之前，教师应当通过问题导入、小组讨论等课堂活动激活学生脑海中相关知识的旧图式，并在此基础上补充信息。由于学生多为经验丰富的学习者（pre-experienced learner），缺乏工作经验，此处的信息主要为语境信息。在激活并补充了旧图式之后，教师可依据文章内容勾勒出流程图、框架图、提示卡等辅助学生对阅读文章进行理解。

### （二）高中英语阅读教学的具体目标

**1.阅读教学目标定位存在的问题**

教学目标是教师期望学生在完成学习任务后达到的行为变化程度，是课堂教学的出发点和归宿。阅读教学是高中英语教学的重点，因此，聚焦阅读教学的起始环节，对目标设定进行研究，就显得尤为重要。为了更加科学、客观地了解教师在阅读教学中的目标定位情况，通过对大量的教学设计进行分析，发现教师在英语阅读教学中的目标定位主要存在两类问题：脱离学情和脱离文本。

无论是脱离学情还是脱离文本都属于目标定位失当，会造成课堂教学无序随意，高耗低效。形同虚设的教学目标无法起到有效地支配、调控、评价教学活动全过程的作用，也无法发挥其导向、约束、激励的功能。培养学生语言能力更是无从谈起。

**（1）英语教学目标脱离学情**

学情分析是教学目标设定的基础，是教材分析的依据，是教学策略选择和教学活动设计的落脚点。然而，在教学实践中，往往会无视学生的心智特点、认知特点和已有认知水平，因此，未能有效地进行教学目标定位。高中英语教学目标脱离学情，主要体现在以下方面：

**①忽视学生心智和思维特点**

第一，忽视学生心智特点。生活在网络媒介极度发达的时代，学生获取信息的渠道和能力不容小觑，他们对事物的理解度和观点不可轻视，他们追求个性的特质理应受到尊重。对于大多数阅读文本的话题，学生已经具备一定的知识背景，有一定的了解，故而，教师不能从自身的角度出发去确定目标，决定学生的学习内容和学习方法。

第二，忽视学生思维特点。学生的思维特点包括学生的认知结构、认知能力、思维特征等。高中生爱研究，喜探索，倾向于主动去尝试，在做的时候逐渐明白怎么做。自主体验更能让学生获得成就感，从而保持求知的热情。高中生与初中生相比，更愿意、也更需要思考一些有思维质量的问题。从识记理解、应用分析到综合评价，这不单是学生思维培养的序列层次，也是自然发展状态下的必然梯度。文本除了表层信息、语言形式之外，蕴含着其他深层次要素，如时代印记、社会形态、文化意识、作者态度、读者体验等，而这些要素的理解必然通过深层次的阅读和思考来获得。所以，目标定位不能过分倚重知识，教师一定要关注学生的思维活动内容和层次，由浅入深，循序渐进，培养学生高阶思维品质。

②忽视学生原有的认知

学生原有认知是班级很多学生学习某个文本时已经建立的图式。图式是大脑为了便于信息储存和处理，而将新事物与已有的知识、经历有机地组织起来的一种知识表征形式，是相互关联的知识构成的完整的信息系统。因此，目标定位必须以学生原有认知为出发点。教师在解读文本的时候，应该从语言知识和技能、文化背景、话题功能等显性维度清晰地知晓学生已经了解的知识。除此之外，教师对学生的阅读心理准备、阅读动机、探究和合作精神、评判性思维意识等隐性维度也应该有充分的了解。唯有教师了解学生的原有认知，才可能设定合理的教学目标，帮助学生激活旧图式，构建新图式，激发学生的学习潜能，促进主动发展。

（2）英语阅读教学目标脱离文本

一切解读皆源自文本，如果说文本解读是阅读教学的逻辑起点，文本则是文本解读的系统之端。尊重文本的解读才是真正的阅读教学，是真实阅读现场的开端，也是科学目标定位的起点。除了前面提到的目标定位脱离学情的问题，部分教师在设定教学目标时脱离了文本，主要表现在以下方面：

①未能抓住目标定位的文本主线

目标是有指向性的，而文本同样有指向性。任何文本在行文的时候都有或明或隐的主线，在主题的引领下贯穿全文。若教学目标定位能够抓住文本主线，那么，课堂教学就能紧扣目标，思路明晰，主次分明，重点突出。若目标定位未能抓住文本主线，则课堂的节奏难以把控，问题链难以形成，阅读任务难以层层推进，学生的图式构建和思维提升也难以实现。

②不能凸显目标定位的文本主题

此处讨论的主题是在单元语域下的文本话题。《普通高中英语课程标准（实验）》（以下简称《标准》）在高中英语阅读技能教学中对教材选择的建议是"题材广泛，体裁多样"，一共涉及了 24 个话题，这些话题以单元主题的形式看似随意散落在各个模块中，实际上，这些话题是经由教材编辑审慎选择，并且根据学生心理和认知特点不断循环提升的。脱离文本主题的目标定位缺乏话题意识，没有意识到话题是承载语言内容、语言表达、语言思维的主题词，这样的后果必然导致学生的话题功能区有盲点或空白地带，由该话题衍射出的语言内容、信息表达、思维内涵等皆有缺失。

③未能顾及目标定位的文本体裁

文体是指独立成篇的文本体裁或样式，是文本构成的规格和模式，反映了文本从内容到形式的整体特点。高中英语课程标准在语言阅读技能八级目标中明确提出"学生能识别不同文体的特征"，在写作八级目标中提出"学生能做到文体规范、语句通顺"，在写作技能评价的测试要点中提到"用词及文体恰当"，等等。结合文体特征的教学目标定位，设定阅读教学目标时，需要充分考虑文体的一般特征，特别是该文体的独有特征，分析其结构，重视其布局，聚焦其语言，剖析文本的内在逻辑和表现手法，挖掘思想内涵和深层意蕴。

2.综合视域下的阅读教学目标

（1）综合视域下的阅读教学目标定位

阅读是读者与作者之间情感的交流、心灵的对话、智慧的碰撞。阅读教学则是教师、学生、文本之间的对话过程，其目的在于引导学生通过教学互动与参与，并依据英语语言的特点、学生个人的认知及语篇（文本）的特征，达到对阅读篇章正确而合理的解读，进而实现对语篇主题的把握。这就意味着阅读教学目标定位应基于学情、基于文本。在深入分析了高中英语阅读教学目标定位存在的主要问题及成因后，认为目标定位的主体对象应为学生，并在此基础上达成了三项共识：一是阅读教学目标的定位应基于学生的阅读基础；二是阅读教学目标的定位应基于具体文本的主题与特征；三是阅读教学目标的定位应基于阅读教学的综合视野视角进行合理取舍。根据此，归纳出综合视野下阅读课堂教学目标定位的三个"结合"：

①结合学情进行的目标定位

教师对学习者如何学习的了解程度决定了其教育哲学、教学风格、教学途径、方法和课堂教学技巧，可见，了解学生实际情况，做好学情分析的必要性。通过学情分析，教师不仅可以在确定教学目标时能够从学生的实际出发，有直接性和针对性，并且可以发现教学重难点，从而制定和调整教学策略。学情分析与教学设计的其他组成部分有着重要的联系，在教学设计中起着调整教学目标、确定教学重难点以及优化教学活动的作用，使教学设计符合学生学习和发展的需要。根据内涵、学情分析可以分为学生情况分析和学生学习情况分析。因此，尝试结合以下两个方面对学情进行具体的分析，以使目标定位更为准确。

第一，结合学生已知的生活经验与兴趣进行目标定位。面对已经积累了一定生活经验的高中学生，教师在教授知识时，如能尽量将教学内容及学生的现实生活联系起来，不仅能够激发学生学习英语的兴趣，还能促使他们在已有的生活经验中去学习新知识，在实际生活中运用英语，提高他们运用英语的能力。

以人教版选修第六模块 Unit 5 Reading：An Exciting Job 为例，该文本从火山学家的角度，用第一人称讲述了"我"第一次目睹火山爆发时的情景与心情，通过对 the first sight of an eruption 的描写，和对火山学家这份工作的介绍，向读者充分描绘了作者对其工作的热爱与自豪。鉴于学生对该职业的陌生，可以将文本中与该职业相关的信息进行梳理，帮助学生了解火山学家这种职业的特殊性，学会理解和尊重不同职业的特点。除此之外，从文本中也可以发现作者敢于冒险的性格特征（personalities）以及他对火山研究的浓厚兴趣。结合高考引发对高中生涯规划的思考，可探讨作者的兴趣和特点，对其做好这份工作的正面影响，并以此鼓励学生结合自身的优势与兴趣和爱好，对自己的未来职业做一设想与规划。

第二，根据学生学习情况及认知水平进行目标定位。根据二语习得理论，在二语教学中，教师所教授的知识须建立在学生已有的基础上，体现出"输入假说（the Input Hypothesis）"发展而来的"i+1 原则"。该理论要求教师必须提前充分了解学生的基础，即对他们已有的知识做出分析，并根据学生的基础来调整自己的教学目标，完善教学过程，巩固教学成果。

如，在进行人教版选修第六模块 Unit 5 Reading：An Exciting Job 的教学目标定位时，会发现根据人教版教材的编排，学生已经较系统地学习过另一自然灾害——地震（人教版必修第一模块 Unit 4 Earthquakes），对其破坏性有较为深刻的印象，同时也对其他自然灾害现象有一定的认识，积累了相关的语言知识。然而，在认真解读 An Exciting Job 之后，会发现该文本的语气、风格与之前学习的文本迥然不同，字里行间处处可见作者对大自然的敬畏，对火山喷发时壮观景象的赞叹，对火山学家这一身份的自豪及无怨无悔的信念，而这些也正是该文本中需要达成的情感目标。

又如，人教版选修第八模块 Unit 3 的阅读文本 The Problem of Snakes 是以 inventing stages 为脉络编写的。这种按照科学发明研究步骤组织行文的文本，在人教版必修第五模块 Unit 1 Reading：John Snow Defeats King Cholera 就曾经出现，如，能在激发学生原有印象与知识的基础上进行巩固，不仅能降低难度，效果也会更好。

②结合文本进行的目标定位

文本不仅是语言知识的载体，同时还传递思想、表达情感、蕴含文化。教师需要深入解读文本、挖掘文本中所蕴含的丰富信息，读出它们的思想、逻辑关系，读出文本背后的故事，并在阅读教学中加以体现，从而引领学生从不同的视角理解、体验和感受文本，赋予文本以生命，赋予课堂以活力，使阅读教学变得立体和综合，最终实现提高学生英语学习兴趣和综合语言运用能力的目的。在这一过程中，教师解读文本的角度和深度直接影响学生对文本的理解和体验。教师对"教什么""怎么教""教到何种程度"等的决策，即目标定位，都应以对文本的正确解读和学生情况的充分了解为基础。

第一，结合单元话题进行目标定位。人教版《普通高中课程标准实验教科书·英语》教材编写以话题为核心，以结构和功能项目为主线，组织和安排听、说、读、写的活动，通过任务型活动和完成项目来实现教学目标。涉及的话题很广，涵盖社会科学和自然科学，如信息技术、航天技术、环保、法制、文学、音乐、医学、美术，体育，以及工、农、商等方面的教学内容。阅读部分提供了各单元的主要阅读语篇，题材和体裁多样，这些课文不仅载有该单元有关主题的重要信息，还呈现了其中大部分的词汇和主要的语法结构。人教版教材中的阅读文本贴近学生生活，符合学生的年龄特征，内容丰富，语言地道，构思巧妙，是学生学习语言知识、感悟谋篇布局、激发情感思维的鲜活材料。每个单元均围绕话题展开听、说、读、写等语言技能的训练，旨在发展学生的语言综合运用能力，尤其是提高学生用英语思维和表达的能力。

以人教版选修第六模块 Unit 5 为例，该单元阅读文本标题为 An Exciting Job，而单元话题却是 The Power of Nature，结合单元话题和文本内容可以看出，该阅读文本是从"人"的主观角度出发，让读者更直观地了解火山的力量和火山学家这份工作的内容和意义，使学生认识到火山是美丽的，但同时极具破坏力，而火山学家的工作可以减少其引发的损失，从而油然而生对该职业的理解及敬佩之情。细读最后一段："Today, I am just as enthusiastic about my job as the day I first started.Having studied volcanoes now for many years, I am still amazed at their beauty as well as their potential to cause great damage." 可以发现其中的 potential to cause great damage 和 beauty 与前文介绍的火山学家工作内容、意义以及 the first sight of an eruption 遥相呼应，描绘出人类与自然互相斗争又和谐共处的画面。由此可见，该文本与单元话题是紧密联系、相辅相成的。如果把阅读文本脱离出单元话题进行单独处理，就容易出现"只见树木不见森林"或"一叶障目"的片面解读，甚至是盲目解读。

第二，结合文本体裁和语篇优势进行目标定位，具体如下：

首先，关注文本体裁。高中英语课程标准语言技能阅读八级目标要求学生"能识别不同文体的特征"。就体裁而言，英语阅读文本可分为论述类（Argumentative Writing）、说明类（Expositive Writing）、描写类（Descriptive Writing）和叙述类（Narrative Writing）四种文体。不同的文体有着不同的文章架构、表现手法、写作目的、语言特点。说明文体主要是解决 what 和 how 的问题，议论文体重点解决 what、how 和 why 的问题，记叙文体重点解决 who、when、where、what 和 how 的问题。

例如，人教版选修第六模块 Unit 5 Reading：An Exciting Job 为第一人称的情感类记叙文，可注重对人物情感变化的解读和评判性思维能力的培养。文本以标题中的 exciting 为线索，将作者对火山学家这份工作的热爱表露无遗，而支撑这条情感线的有许多细节描写，如 the greatest job，never bored，danger excites me，makes me feel alive，the eruption itself is really exciting to watch，etc. 文章中的两个"however"与一个"unfortunately"更是将他的激动和遗憾之情表现得淋漓尽致，使读者身临其境，折服于其对这份工作的热爱。而在评判性思维能力培养方面，可以讨论作者是如何谋篇布局，使文本如此具有说服力的；也可以探讨作者本身的性格特征对其做好这份工作的正面影响，并以此鼓励学生结合自身的兴趣与优势，进行合理的生涯规划，也能使学生理解与尊重不同的职业特点。

其次，突出语篇优势。作为课文的文章首先是一个独立语篇，具有自身的语义功能、语用目的和语境。因此，每篇课文都有独特的语篇优势，即自身较为突出的地方，如语言优势、结构优势、思维优势等。绝大多数情况下，课文的语篇优势就是课标要求的教学重难点。只有基于语篇优势进行阅读教学，才能真正领会教材编写专家的实际意图，才能更好地把握教学的重难点，最大限度地达成教学目标。

例如，人教版选修第八模块 Unit 3 Reading：The Problem of Snakes，结合单元话题 Inventors and Inventions 以及 Warming up 环节的内容可以看出，该文本的语篇优势在其以 scientific stages of inventing 为脉络编写的结构，如，能根据该结构对文本细节信息进行梳理，则能事半功倍。

第三，基于阅读教学综合视野进行的目标定位。每当对一个文本进行多元而详细的解读，教师会突然感觉得课堂上要教的内容实在太多了，这时就产生了选择教学内容的问题。不同的语篇、不同的教学阶段，应该要有不同的教学聚焦，因为一堂课的时间是个常量，不会在一堂课中解决所有问题。而基于阅读教学的综合视野视角进行目标定位，也就是在"取"与"舍"中平衡的过程。从某种意义上而言，教师需要在进行充分的学情分析和文本解读之后，结合课标要求，根据学生实际，尊重具体文本，在综合内容、思维与语言的大前提下，有侧重地进行取舍。

以人教版选修第八模块 Unit 3 Reading：The Problem of Snakes 为例，该单元的话题为：inventions；patent applications 和 great inventors。该文本是一篇记叙文，讲述一个女孩如何通过多次尝试，最后成功地把在她母亲院子里安家的蛇捉住并放归大自然的过程。在亲友的鼓励下，她的捕蛇技术正在申请发明专利，文章也顺势提及了专利申请的标准。文本分为八个自然段，分别对应 Warming up 中的六个发明步骤（Inventing stages），即 Finding a problem（Para.1）、Doing research（Para.2）、Thinking of a creative solution（Para.3）、Testing the solution（Paras.4 ~ 6）、Deciding on the invention 以及 Applying for a patent（Paras.7 ~ 8）。

由于在人教版必修第五模块 Unit 1 Reading：John Snow Defeats King Cholera 就曾出现类似的行文结构，对学生而言，文章的结构和科学发明的步骤并不难理清，所以，可将其设定为教学目标中的重点而并非难点。但在学生已知生活经验中，对"捕蛇"及其相关内容颇为陌生，而且"蛇"在生活和文化中的形象并不算可爱，学生虽对该内容有一定兴趣与好奇，但也不免退避三舍。因此，如何将一篇文本解读得让学生感兴趣并有所收获，也是一项挑战。在解读的过程中可以发现，文本中有一些"奇异"甚至是"不合理"的地方：如，文章中用非常温和的手段，经过多次尝试后成功捕到了蛇，最终将其放归大自然，这样的处理方式和结局在日常生活中并不多见；此外，生活中这么小的一个发明，其设计者竟然去申请专利，也颇让人惊讶。深究其因，这些看似奇异和不合理的方式及观念多为文化之间的差异所造成。

语言有丰富的文化内涵。在外语教学中，文化是指所学语言国家的历史地理、风土人情、传统习俗、生活方式、文学艺术、行为规范、价值观念等。接触和了解英语国家文化有益于对英语的理解和运用，有益于加深对该国文化的理解与认知，有益于培养世界意识。因此，将对文化差异的感知与理解也列为教学目标之一，与教师用书中提出的第二个写作目的的解读不谋而合。多次的解读和梳理之后，发现文本的解读难点在最后两段，也就是"申请专利的标准和方法"这一部分。因此，将其设为教学重、难点，并在教学设计时充分搭设支架（如专利的概念界定等）以降低难度，在教学过程中对相关语言进行处理，有效突破难点。

当前的阅读教学讲究源于文本，高于文本。文本及其承载的意义永远是第一位的。阅读教学的过程实质上就是理解和回应文本和情境的过程。只有领悟到文本的美与精华，才能真正去挖掘和利用文本所赋予的内涵，最大限度地体现文本的价值，充分发挥阅读教学的有效性，凸显阅读教学的目的所在。

在进行阅读教学目标定位之前，首先要结合单元话题，充分解读文本；然后根据文本体裁确定其语篇优势与亮点，有针对性地选择和使用相关语言，在语言呈现和使用的过程中，要张弛有度，灵活有效；最后综合文本的内容、思维、语言，根据学生实际情况有侧重地进行取舍。

（2）综合视域下的阅读教学目标叙写

①目标叙写的常见问题

在各级各类高中英语阅读教学研讨活动中，发现教学目标的叙写存在着诸多问题，有的主体错位、主语混用，有的机械套用"标准格式"，看似面面俱到，实则多为言之无物的、空洞的"教学目标"，还有的教学目标定位过大，无法评价。

第一，教学目标主体错位，具体如下：

例1：人教版必修第一模块 Unit 1 Reading：Anne's Best Friend

objectives：

· Realize the importance of friends and friendship.Get the students to learn the following useful new words and expressions：list, share, feeling, series, outdoors, crazy, entirely, go through, hide away, set down, on purpose, in order to, according to.

· Help the students develop their reading ability and learn to use some reading strategies.

问题剖析：案例中教学目标的主体是紊乱与错位的。第一个目标表述的主体是学生，而第二个目标和第三个目标表述的主体是教师。在很多教学案例中，教师在定位教学目标主体时不是以学论教，而是站在教师的立场上对学生提出学习要求。这种描述方式反映出教师以教代学的教学观，课堂教学以教师为主体，采取传统的教育方式，以传授知识为主，而学生处于被动学习的状态。

《标准》虽没有明确规定教学目标的主体是教师还是学生，但却明确指出学生是教学过程的主体。所以，在新课程理念下，教师设定教学目标时应以学生为主体，以"基于学生发展、关注学生发展、为了学生发展"为指导思想来制定教学目标。教学目标的表述也应以学生为主体，对学生的学习行为进行描述，如 By the end of the class, students will be able to…这样的转变体现了教师教学重心的转移，即从关注自己教的效果转变为关注学生学的效果。

第二，机械套用，具体如下：

例1：人教版必修第一模块 Unit 5 Reading：Elias'Story

objectives：

Knowledge aims：

· Learn the following useful new words and expressions in this passage：hero, quality, willing, active, peaceful, fee, youth, league, stage, lose heart, in trouble, worry about, out of work, as a matter of fact, blow up, put…in prison.

· Know the qualities of a great person.

· Learn about Nelson Mandela.

Ability aims：

· Learn and practice different reading skills.

· Learn how to give their opinions.

Emotional aims：

· Learn from Nelson Mandela to develop moral qualities.

· Learn noble qualities from great persons.

问题剖析：本案例中教师将"三维"目标理解成了"三类"目标，机械套用了"三维"目标框架。"三维"目标并不是简单的一个平面的目标，而是将三者交融互进的目标，具有内在的统一性。"三维"目标是教学目标的三个维度，并不是三个部分，更不是独立的三种目标。"三维"教学目标是一种理念，是教学的方向，不应被当作一种模式来生搬硬套。

第三，教学目标难以评价，具体如下：

例3：人教版必修第一模块 Unit 2 Reading：The Road to Modern English

objectives：

By the end of this class，students will be able to：

· improve their reading ability.

· develop their cultural awareness.

· grasp the general idea of the text.

问题剖析：案例中教学目标表述过于笼统、宽泛，使得本节课的教学目标不可观测，难以评价。第一个目标和第二个目标在一节课内是很难实现的，而第三个目标则适用于任何一节阅读课，这样的目标形同虚设。制定教学目标时，教师应明确本堂课学生应达到的目标，还要特别注意教学目标的可行性。在教师平时的教学目标叙写中多数行为动词比较模糊、宽泛，例如 master、learn、develop、understand、improve 等，而且这些行为动词所对应的目标达成程度不明确，很难去衡量学生在课堂教学结束之后是否真正学有所获。为了使教学目标具有可操作性和可检测性，表述教学目标时要尽量采用可观测到的行为动词，如 describe、explain、summarize、conclude、retell 等。这有利于实施教学，也有利于在教学中开展评价。

②目标叙写的基本要素

第一，常见的目标叙写方式。教学目标叙写是教学设计的一个环节，教学目标设定后通过叙写成为指导性的核心要求，对教学各环节的设计起到引领、规范的作用。教师在叙写的过程中，可以对所设定的目标进行再梳理、再认知和再加工，使原本抽象、思维化的目标成为具体、可见的文字，目的性更明，层次性更清，指导性更强，也更利于在实际教学中沿波讨源，评价反思。通过研读学习近现代有关教学目标叙写的研究，发现主要存在以下三类目标叙写基本方式：

a.行为目标表述法。在行为目标表述法中，可观察、可测量的行为目标应具备三个要素，即清楚描述通过教学后，学生所具备的能力（"做什么"或"说什么"）；规定学生的行为产生的条件；规定符合要求的作业的标准。行为目标明确地使教师和学生知道，教学目标是有哪些及如何观察以及测量这种能力。由于所采用的行为动词明确、可测量、可评价，行为目标表述法避免了用传统方法陈述目标的含糊性、不明确性。但该表述法只强调了行为结果，这导致教师可能因此只关注学生外在行为变化，而忽略了学生内在的心理能力和情感变化。此外的行为目标表述法并未强调行为的主体应该是学生，而不是教师。

b.内部过程与外显行为相结合教学目标表述法。内部过程与外显行为相结合教学目标表述法是先陈述内部心理过程的目标，然后列出表明这种内部心理变化的可观察的行为样例，使目标具体化。教师在陈述教学目标时应分两步，先明确陈述如记忆、知觉、理解、创造、热爱、欣赏、尊重等内在的心理变化；而为使这些内在的心理变化变得可以观察和测量，再列举出反映这些内在变化的具体行为。内部过程与外显行为相结合的表述法避免了行为目标表述法可能产生的机械性和表层性，也克服了教学目标陈述时的含糊性。但有时，人的认识和情感变化并不是参与一两次教学活动便能显现的。作为教师，也很难预期一定教学活动后学生的内在心理过程将出现什么变化，因此也存在一定的局限性。

c.ABCD目标表述法。ABCD目标表述法在马杰的理论基础上产生。ABCD分别表示主体（Audience）、行为动词（Behavior）、行为条件（Condition）和表现程度（Degree）四项要素。由于ABCD法所提炼的要素关键、精准，表述清晰而具体，操作简洁又便利，是目前各个学科教师普遍使用的一种叙写方法。但在研究中也发现表现程度（Degree）的表述有时候是比较困难的。表现程度即学生对目标所达成的最低表现水准，用以衡量学生学习表现或学习结果所达到的最低程度。如使用fluently、quickly、accurately等程度副词。这部分可能是叙写中最困难的部分，因为很多行为的达成很难量化，很难在每次备课中制定出合理的最低标准。

第二，综合视野下阅读教学目标叙写。在比较研究上述三种目标表述法之后，可以看出，无论用何种目标叙写方式，都会陷入机械套用或思维定式的怪圈。实际上，平时在做教学设计的时候，只要经常思考"这节课让学生获得什么；获得多少；用多长时间获得；怎样获得"，这样思考之后确定的教学目标才是切合实际的教学目标。而根据这样的思维，在综合了各方面的优点之后，认为教学目标的叙写不用遵循某一特定的格式或原则，只要明确"以什么方式用什么活动以达到什么目标"是阅读教学的目标即可，这样，所叙写的教学目标自然就是科学和准确的。

例4：人教版必修第一模块 Unit 3 Reading：Journey down the Mekong 教学目标叙写如下：

objectives：

· By the end of this class，students will be able to find out the dream of Wang Wei and Wang Kun through scanning the passage and retell their plan for the trip.

· After class，students will be able to list the things they need to prepare for a trip through discussion and be able to write a short travel plan within 120 words.

案例分析：该案例第一个目标表明的"方式"为阅读策略中的 scanning。而"活动"则是 retell their plan 等，最后达成的目标就是学生对文本内容的理解和掌握。在第二个目标的表述中，可以看出"方式"仍然是阅读策略中的 scanning，而"活动"则是 discussing 和 writing，需要达到的"教学目标"则是"以读促说"和"以读促写"。

（3）综合视域下的阅读教学目标评价

众所周知，教学评价具有检查、诊断、反馈、激励、甄别和选拔等多种功能，目的是检验和改进学生的学习和教师的教学，完善教学过程。只有清楚地知道在整个教学过程中存在的问题，才能够及时对自己的教学进行调整。

在进行目标评价的时候，首先，明确目标定位是否符合前文所提出的原则；其次，看目标的陈述是否符合了"以什么方式用什么活动达到什么目标"的叙写方式；最后，明确该如何对教学目标的达成效果进行评价。

对于教学目标的评价，既要考虑终结性评价，同时也要结合过程性评价来考量预设与生成的一致性。在阅读教学过程中，建议用学生参与程度与任务达成效度来进行过程性评价。

①学生参与程度评价

评价教学目标定位是否有效，其中非常重要的一个指标就是学生的参与程度。这从学生参与教学活动的积极性可以看出。可以设计一个课堂观察表来监测学生的参与程度，该观察表由"课堂学生座位表"和"学习过程的学生参与细则表"组成，具体见表1-1和1-2，以此评价学生参与教学活动的广泛性。一堂课中参与活动的学生的高度集中在平常的课堂教学中是很常见的，这主要是因为教师在设计教学活动时没有充分考虑学生的认知差异和能力水平差异的因素，设计的活动形式单一，任务缺乏层次。使用课堂观察表来标注教学过程中学生的参与程度，可供教师课后反思教学之用，并根据学生的参与程度合理调整教学目标定位。

表1-1　学习过程的学生参与细则表

| 一、学生参与活动的态度 | 参与活动学生座位号 |
| --- | --- |
| 1. 关注问题情景，积极主动参与活动 | |
| 2. 能按要求正确操作 | |
| 3. 能够倾听、协作、分享 | |
| 二、学生参与活动的广度和深度 | |
| 1. 参与学习活动的人数较多 | |
| 2. 参与学习活动的方式多样 | |
| 3. 参与学习活动的时间充分 | |
| 4. 学生能提出有意义的问题或能发表个人见解 | |

表1-2　课堂学生座位表

| S5 | S10 | S15 | S20 | S25 | S30 | S35 | S40 |
| --- | --- | --- | --- | --- | --- | --- | --- |
| S4 | S9 | S14 | S19 | S24 | S29 | S34 | S39 |
| S3 | S8 | S13 | S18 | S23 | S28 | S33 | S38 |
| S2 | S7 | S12 | S17 | S22 | S27 | S32 | S37 |
| S1 | S6 | S11 | S16 | S21 | S26 | S31 | S36 |
| 第一组 | 第二组 | 第三组 | 第四组 | 第五组 | 第六组 | 第七组 | 第八组 |
| 讲台 | | | | | | | |

②任务达成效度评价

一堂阅读课的教学目标定位是否准确，除了前文提及的依据"学生参与程度"来进行评价之外，还可根据教师所设计任务的完成效度来进行考量。任务完成效度可从阅读教学的"输入与输出的相关性和有效性"和"作业设计对目标定位的延续性"两个方面来进行评价。

第一，输入与输出的相关性。经常可以从阅读教学中看到教师们上阅读课的常态是"Pre-reading（一般是用多媒体展示几张图片或者回答 1 ~ 2 个问题）—Skimming（通常伴有 1 ~ 2 个选择题）—Scanning（通常伴有更多的选择）—Language Points（如果是公开课，则十有八九改成了 Discussion）"。其中提到讨论环节，是很多教师偏爱的教学活动，因为该活动可以让人产生一种"学生充分参与，课堂气氛热烈"的错觉，殊不知，这有时候是一种虚假的繁荣现象。所以，一堂课的关键要看学生输出的内容与阅读教学输入内容的相关性。如果学生仅凭旧有知识就能完成输出任务，那么，这样的活动设计就是失败的，因为这与本堂阅读课的输入没有相关性。据此，可以评价这堂课的教学目标定位是失当的，至少，语言知识的教学目标定位是不恰当的。

教师在实施英语阅读教学时，应当先进行教学目标定位，再设计相关教学活动。教学活动应该围绕教学目标进行，是为实现教学目标而设置。在教学活动的设计过程中，教师要考虑到设计目标语言与内容输入的时候，依据学生差异设置适合学生的活动。同时，在设计输出活动的时候要体现目标语言的使用及目标内容的复现。输出活动可以有文章缩写、大意概括、复述文章故事、角色扮演、文章大意填空、小组讨论、小组辩论、小组报告等。这些输出活动都是用于判定教学目标定位是否准确的量化评价方式。

第二，作业设计对目标定位的延续性。阅读课的作业是读后活动的延伸，教师不能把作业当成单独的版块，与文本的阅读隔离开来。作业的完成，可以帮助教师清楚地判断教学效果，验证教学目标定位是否准确。教师应布置与教学目标相关的作业，使课后作业成为课堂教学目标的延续，避免出现课堂阅读教学和课后作业各行其是的现象。

例 5：人教版必修第四模块 Unit 4 Reading：Communication：no problem？

A 教师作业设计如下：

·Choose a country（America/Britain）to make a booklet to introduce its special body languages.

·Surf the Internet to get more information about it.

B 教师作业设计如下：

·Read the passage again and again till you can retell the main information without referring to the text after class.

·Role play——Suppose you were the international students in the passage，please act out the greeting scene at the airport using some spoken and body language.

A 教师设计的教学目标中有这样一条：By the end of this period，students will be able to make a simple introduction of Americans' special body language. 从作业的设计来看，A 教师已经把作业与读后活动完全联系在一起，把文本的阅读延伸到了课后，这样使得课堂中的阅读效果可以延续到课后。同时，对课堂的文本理解又起到了反拨的作用，可谓"一举多得"。

B 教师定位的教学目标中有这样一条：After class，students will be able to make a role play using body language.B 教师的作业设计也说明了该教师清楚地明白文本解读时阅读的重要性。让学生在课后多读文章，这既是阅读技能的培养，又是阅读策略的培养。此外，让学生展开想象，进行角色扮演，对提高学生的学习兴趣有很大的帮助。两位教师的作业设计看似大相径庭，但是他们的作业设计都是对阅读的延伸，可以让他们的学生在课后也能得到学习技能和策略的培养。

以上案例说明了科学、合理的作业设计将对学生的英语学习起到意想不到的作用。因此，在进行阅读教学课后作业设计时，教师应认真思考四个方面：第一，作业是否是阅读教学目标中要求学生掌握的技能训练；第二，作业是否能反映阅读教学实施时的阅读策略培养；第三，作业是否能反映学生的学习效果和存在的不足；第四，作业是否能反映教师在实施阅读教学时存在的问题和不足。

教师如能从上述四个方面去考虑课后作业的设计，作业的完成情况就能反映出教学目标定位是否准确，从而为下一步的教学调整提供依据。

## 二、高中英语的写作教学

### （一）记叙文的写作教学

记叙文的主要表达方式是叙事，这种文体主要记叙自己以及他人所经历的事情。记叙文以时间为主线，通过叙述生动形象的事情来表达作者的思想感情，进而反映现实生活。记叙文描写了人或事物的情形，以此来表达全文蕴含的中心思想。记叙文在写作教学过程中主要有以下要点：

1. 写作时要紧扣主题

文章的"核心"是记叙文的主题。所以，记叙文写作时应围绕主题，尤其是题目有主题关键词呈现时，应紧扣主题去选择文章内容，组织选材时应选择主题明显，对作者来说有感触、有意义的重要材料，进而真实地表达作者的情感。

2. 写作时要涵盖相关要素

记叙文的写作过程中涵盖一些基础要素：叙事背景（人物、时间、地点）、叙事人称（第一及第三人称）、包括开端、发展、高潮、结尾的情节以及叙事的顺序（顺叙、插叙、倒叙）。记叙文一般以一件事为"主线"，故事的细节都围绕着"主线"进行叙述。

3. 注重细节，让记叙更为生动

记叙文的写作过程中最忌没有起伏的平铺直叙。对发生的事件只是简单记述，这样的文章是没有吸引力的。因此，记叙过程中应仔细雕琢人物、对话、场景、情感以及心理活动等相关细节，并利用预设悬念等修辞方法烘托和渲染事件发生的过程，这样文章会更生动、形象。

4. 记叙主题的升华

在记叙的前提下可以进一步挖掘、提炼以及揭示事件背后隐藏的深刻含义，通过说明道理及发表感想，使记叙的主题得到进一步升华。

### （二）说明文的写作教学

说明文的主要表达方式是说明。说明文运用科学解说来描述事物的存在，对抽象事理或是客观事物进行阐释或说明。说明文的特点是逻辑清晰、忠于事实、语言客观。其常用的写作手法有因果分析法、类比与对比法、过程分析法和定义法等。说明文注重阐述关系和相关过程，它有别于注重外观与情感的描写文、注重事件与经历的记叙文、"说服"读者的议论文。说明文在写作教学过程中主要有以下要点：

1. 对象与目的要明确

说明文运用阐述、解释、介绍事物以及事理的手法传递信息与知识，教会人们应用方法，从而使人们深刻地认识客观事物的存在。说明文的主要目的就是"说明"，被说明对象不宜太大，也不宜太多，主要目的是表述清楚。

2. 忠于事实地详细说明

说明内容要依据相关实例与细节，做到准确无误、实事求是，将要研讨的各类难题以及抽象的、难以理解的概念表述清楚。

3. 内容组织要遵循逻辑关系

文章中所表述的事例及观点应充分围绕主题特性，依据时间顺序、空间顺序、逻辑顺序以及认识顺序罗列，条理清晰，进而与大众学习相关科学知识、获得有利信息的认识规律相符。

4. 语言表达应简洁、清晰、客观

说明文在写作过程中，应运用清晰、准确的语言，力求简洁，不宜使用华而不实的词汇以及含混不清的表达方式。

## （三）议论文的写作教学

议论在语言表达方式中较为常见，议论要有明确的论点、充分的论据、周密的论证。议论是注重论理、评析的表述方法。一篇完整的议论或是一段议论，均由论点、论据和论证三个要素组成。议论的主要特征是以案例、数据、事实等形式为依据，采用说理的方式，对客观的事物进行评论、分析、表述，进而达到以理服人的效果。

以议论为主的文章便是议论文，是作者阐明自身观点与主张的常见文体。议论文不同于以形象、生动的描述来表达作者思想感情的记叙文，也有别于注重介绍和阐释事物的形状、成因、性质以及功能的说明文，议论文不是以事感人、以知授人，而是以理服人。议论文在写作教学方面应注意以下要点：

1. 鲜明、清晰的论点

论点是一篇议论文的灵魂，表达了作者对所论述问题的主张及见解。议论文通常只围绕一个中心论点，也有个别议论文围绕中心论点提出若干分论点，以此来证明或补充中心论点。在开头提出论点，之后加以论证，所提的论点要鲜明而清晰，应完整陈述作者的相关看法。

2.运用充分、可靠的论据

议论文一般以数据、案例、事实等为依据，此外一些格言、谚语也可以作为论据。论据应充分可靠，才能达到强有力的说理效果。

3.论证过程应严密、合理

议论文中的论据和论点都是通过论证串联起来的。论点是由运用各种论证方法的论据来证明的，所以说严密的论证是论点与论据之间的纽带。

## （四）应用文的写作教学

应用文一般是指人们在学习、生活、工作过程中为了解决实际事务而进行的写作。应用文具有惯用格式，其读者一般是固定的。应用文用于解决现实中的相关问题，为个人事务及公务而服务，在日常生活中被广泛应用，具有实用意义。

英语应用文相对来说种类较多。根据高中英语教学的相关情况，本章介绍学习与生活中常见的几类应用文，涉及通知、新闻、信件、日记、广告、海报以及个人陈述等。依据学生对各类文体的掌握情况，在内容安排方面也有所侧重。应用文在写作教学方面应注意以下要点：

1.明确写作目的

应用文在人们的学习与生活中起到一定作用，它并不是供人欣赏或审美的文体，而是要达到特定目的的文体。例如告知、邀请、陈述、道歉等，写作应用文的原因和目的是非常明确的。

2.语言表达要得体

应用文文本形式讲究规范，并且也有特定的要求。在写作过程中，每种应用文对文本、语言均有相关的要求，对于不同的读者和内容应使用相应的文字。

3.格式体例要规范

应用文有其固定的格式和通用体例，具有一定的严肃性和规范性，所以，在应用文写作过程中应遵循格式体例的规范与要求。例如，日记的格式一般由书端（注明日期、天气等）和正文构成；英语信件一般是由信头日期、称呼主体、结尾敬语、署名等构成；通知的格式与个人陈述的格式也不同。

# 2

# 高中英语阅读与写作教学中的思维活动

∞

　　阅读与写作是高中英语教学的重要内容，对学生积累英语单词、短语，感知英语表达方式，提高英语综合能力具有重要意义。在高中英语阅读与写作教学中应积极转变观念，做好引导，注重对学生思维能力的培养，不断提高思维的灵活性。鉴于此，本章主要围绕高中英语阅读教学中的思维活动、高中英语写作教学中的思维活动、高中英语读写结合教学对思维能力的影响展开论述。

# 第一节　高中英语阅读教学中的思维活动

## 一、高中英语阅读教学中的思维活动方法

### （一）有效性教学方法

1. 引导学生展开有效探索

传统英语课堂教学主要以教师的教学为出发点，并没有对学生的自主学习能力培养和落实给予明确的指导，不能体现教与学的统一。建构主义学习理论是课程改革的一个很重要的理论基础，也是学生发展核心素养理论的重要依托。

在具体英语课堂教学过程中，教师应确立学生核心素养的基本原则：以激发学生学习兴趣和学习动力为主要推手，创设生长课堂，让学生主动参与课堂教学活动，逐步在语言实践的过程中使学生的思维品质得以发展，文化品格得以形成，学习能力得以提高，去除零散化、碎片化的知识与技能，真正实现教与学的统一。

建构主义学习理论强调，基于学生的学习经验及在真实情境下展开学习是学习的本质，是最切合学生学习特点的学习方式，这也是教师进行"学习者视角"构建课堂教学的关键所在。教师在英语课堂教学中还存在很多问题，其中从培养学生英语核心素养视角看，在语言能力和思维品质培养上存在如下问题：

（1）语言能力方面：知识讲解偏多，单纯技能训练偏多，应试技巧训练偏多。

（2）思维品质方面：停留在浅层思维活动，在话题的选择、问题的设置等方面没有进行较深层次的研究。

基于学生的学习经验及在真实情境下的学习情况，对教师的课堂教学是具有指导意义的。实施中要注意两点：第一，要通过真实问题或者故事激发学生主动学习。语法教学的真正意义不在于让学生记住一组语言结构，而在于帮助学生形成一种能力，所以，创设的情境必须是真实、有效的，构建知识才是可行的。第二，要通过激活学生的先前知识激发他们主动学习的兴趣。

核心素养基本理论主张建构"以学生学习为中心"的课堂教学，提出课堂教学要围绕真实情境中的问题，以此来组织学生的学习活动，引导学生展开探索，激发学生主动学习的动机。

2. 开展基于任务的学习活动

核心，就是中心，是指处在事物的中心位置，或者说，底层位置的事物，外面一般不易看见，但对事物起着关键作用。由此衍生的核心素养，同样是处在人发展的关键位置或者底层位置。核心素养具有很强的综合性，不是单纯的某项素养或者能力。核心素养的提高需要以真实问题或者真实情境为基础的任务学习或者项目学习来实现。综合性活动包含课程的综合性、内容的综合性、活动的综合性、成果的综合性。所以，基于任务的学习因为其内容的综合性、活动的丰富性决定了这样一种学习形式成果的多元化。

基于任务的学习是在课堂教学中落实核心素养的一种基本的学习方式。核心素养中"实践创新"所包含的"劳动意识、问题解决、技术应用"等品质，需要通过相关的活动和学习来达成，需要在真实问题的解决及具体的社会实践中得到提高。基于任务的学习可以提高学生的综合能力，达成多个学习目标及获得多个学习成果，在具体的实践中教师要注意以下问题：

（1）任务是否能激发学生全身心地投入学习

在设置任务的时候，任务不在于多，但选择的形式很重要。形式的好坏影响着学生的学习热情。例如，教师可以通过唱歌、猜谜语的学习活动激发起学生强烈的学习兴趣。教师选取适当的方式，用新颖、独特的形式进行新语法和新词汇的教学，学生的学习热情很高。学唱英文歌和猜谜语是学生喜闻乐见的活动，也是他们喜欢参与的活动，看似唱歌和猜谜语，实际却是教授语法和新单词，在愉快的教学活动中，学生把知识和意义建立了联系，避免了知识的碎片化和浅显化。这是一种"浸入式"学习，源自教师的巧妙设计。知识在教师巧妙设置的任务中为学生所接受并消化，学生们在学习中收获到的成功、欢笑，甚至眼泪都会对他们将来的成长产生长久的影响。

对一件事物的认知程度或者深度往往是需要时间的，对学生阅读素养的培养也不是一朝一夕能完成的，所以，教师培养阅读素养这方面要持之以恒。例如，每月给学生开列适合他们阅读的英语课外读物，开展"每天读一点英语经典"的活动，这样的任务对于学生来说并不会成为负担，但每学期下来，每名学生的收获都会很大。在教师的督促和指导下，学生的阅读习惯逐渐养成，他们不仅词汇量扩大，阅读速度变快，且阅读能力和思维能力都得到了提高。不少学生在这种浸润式的学习中获得了丰富的英语国家的文化背景知识，开阔了视野，而且课堂上学到的很多知识也在课外英语读物中得到了运用和拓展，增强了学习英语的成就感和英语学习的兴趣。

（2）任务要重视学生方案设计及策略选择能力的提高

第一，话题导入，回顾文本并做进一步思考。用小组竞赛的形式邀请学生做评委，分三组对课文内容进行回顾并提出解决问题的方法。小组可自由设计方案，讨论选择何种形式对全文进行内容回顾。最后，学生形成了三种比较有效的方案，对课文进行了有效回顾，避免了机械式照搬或背诵，主要方案有：①根据关键词复述相关内容；②创造性编排对话回顾内容；③用电话沟通、建议的形式回顾内容。各小组根据不同方案提出建设性的问题和解决方案。学生评委根据每组表现，从语言的精确性、表达的流畅性、想法的合理性等方面进行综合评价，最终评选出最佳方案。

第二，学以致用，当堂 DIY 爱心信封。教师设计一个课堂制作 DIY 信封的环节，利用图片步骤把所学的知识点编入制作过程。学生需要运用所学语言知识读懂做爱心信封的步骤，然后指导同伴或者他人制作信封。教师向学生提供关于 DIY 的建议和可利用的网络资源，让他们进行讨论、协商和决策。该活动让学生亲身体验 DIY，让他们真正明白做好 DIY 需要相关的知识，并且使学生享受到了制作 DIY 的乐趣。

教师设计的这项活动，激发了学生学习的热情，让学生在活动中不知不觉地理解了这一课的学习内容，同时提高了学生自己设计方案的能力，这是其他学习方式很难达到的。

3. 有效开展教师引导下的学生自主学习活动

学校中教与学是相互促进的，真正的"教"应该是关注学生的"学"，没有学生学的"教"是没有任何意义的，即没有学习，无须教学。同时，在学校这个环境中，学生的"学"必定需要考虑教师这一因素，没有教师的"教"或者辅导，学校的优势就不能体现。没有"教"的"学"，与学生在家"自学"没有太大差别。

核心素养视野下的课堂教学把"自主发展"确定为学校教育的主要培养目标，学生是学习的主人，教学中要充分体现学生的主体地位，从学习者视角来构建课堂教学。这里把学生的学习上升一个新的高度，但不是可以淡化"教"的意义及价值，更不是让"教"退居二线，而是重新认识"教"的地位，重新认识"教"的意义，重新定位"教"者的角色。具体而言，"教在学中"要关注以下方面：

（1）教在学中，需要教在思维的深处

深度课堂需要设计有质量的、有挑战性的问题。教师要颠覆原有课堂教学认知，改变传统教学方式，摒弃碎片化知识学习，从点状教学走向网状教学。教师在教学中要及时捕捉新的教学增值点，通过师生的探讨引导学生的思维走向深处。在教学中，师生思维要达到"你中有我，我中有你"，这才是深度课堂，这才算是有思维质量的课堂。

（2）教在学中，需要教在学生学习的困惑期

学生所学习的知识是多方面的，有的知识通过学生们的自主学习能够掌握，也有他们无法理解的知识，这些无法解答的知识是学生在学习中产生的新的问题，仅靠他们自己是难以解决的。教师的意义及价值更多地体现在这个时候，教师的教出现在学生学习的困惑期，是"教在学中"的一个重要课题。

（3）教在学中，需要教在知识的节点

在日常的教学中我们发现这样的现象：教师们花了很多时间，讲了很多知识，学生背了很多书，做了很多题，但学生对于学科知识理解还是不到位，最后考试成绩也不理想。有时，教师们对于究竟哪些是重要的，哪些是不重要的，哪些需要详细讲解，哪些可以略讲的教学认知也不是很清晰。同样，学生做了很多题，学了很多知识，但面对新的问题情境，就是找不到解决问题的关键点。教师教了学生很多方法，在具体的学习中，学生就是想不出最能解决问题的那个。这跟很多教师讲课面面俱到、缺乏重点还是有关系的。

## （二）任务型教学法

### 1. 任务型教学法的特点

任务型教学法在英语教学活动中的应用现阶段特点包括：第一，重视教学的意义，使教学活动更贴近自然；第二，教学任务要源于现实生活，更接近生活，要能调动课堂气氛，给学生留下深刻的印象；第三，任务型教学的设计应注重后期任务的完成。只有合理完成任务才是学习任务的主要标志。换言之，任务型教

学把任务看成课堂上的语言学习活动，课堂中所涉及的语言活动非常接近自然。此外，任务型教学的优势在于，它可以解决英语知识中的实际问题，即交际问题，这些问题大多是贴近生活和现实的，使学生产生兴趣，积极地学习和探索。此外，任务型教学模式更注重任务完成过程的具体情况。

教师应该根据英语阅读和交际的特点设计英语阅读活动。第一，注重语言知识的教学，但不是单向灌输。第二，充分体现真实性原则，即语言材料的真实性。问题设置应尽可能基于学生的实际。同时，要求学生表达出真实的感受和想法。教师还应该用真实的想法与学生进行交流，实现精神上的共鸣。

2.任务型教学法的目标

在英语阅读教学过程中，教师应起到指导和促进剂的作用，阐明英语阅读的方法和任务重要性，调节课堂气氛，与学生加强沟通和互动。充分激发学生的学习兴趣和能力，帮助学生整合英语知识，掌握英语语法和词汇更加灵活和准确，全面提高英语任务型教学效果。换言之，英语教学的目标是培养学生的阅读理解能力和学生的英语素质。教师扮演着主任和监督者的角色。在任务型教学中，逐步激活课堂气氛，促进学生阅读的过程，加强师生之间、学生之间的活动和互助，使学生保持积极、进取的状态，有效完成英语阅读教学目标。

首先，任务型阅读教学的目标是让学生接触到最新的文献阅读，让学生保持新鲜的语言学习，使学生愿意探索积极、紧张的学习压力环境，主动与现实结合，建立个人学习习惯和思维能力，产生良好的阅读情感，愿意并积极参与英语任务型阅读。

其次，教师要发挥促进者、提问者和引导者的作用，控制阅读教学中的课堂气氛。不能枯燥、乏味，也不能杂乱无章、无组织、无纪律，应灵活多样地开展教学工作。

最后，教师应使学生的学习环境更加开放，使学生能够灵活地接受和满足更多学生多样化的发展需求。为学生提供多种获取语言信息的渠道，并将其语言知识运用到阅读实践中。

教师不能仅局限于本单元内容的学习，而应把前几单元或者以往学习的相似知识联系起来，寻找到其中的规律，这样，学生对于所学内容就更加清晰、明了，对于日后课本的复习也会更清晰、深刻。

综上所述，阅读教学是高中英语教学的重要组成部分，为了保证任务型教学在英语阅读课中的顺利开展，教师在设计任务时应始终贴近生活，让英语阅读与学生们的生活息息相关。同时，任务也应环环相扣，紧贴主题。

## 二、高中英语阅读教学中的思维活动模式

### （一）英语阅读的 CALL 模式

1.CALL 模式和英语阅读分析

计算机辅助语言（CALL）学习始于 20 世纪 60 年代。CALL 是计算机在语言教学中的应用研究和探索。语言教学过程中使用计算机进行研究或学习的任何行为都可以称为呼叫。这种特殊的语言教学模式在当今社会越来越有利。目前，我国经济实力的不断增强，为计算机技术的发展奠定了良好的基础，对呼叫系统进行了尽可能多的补充和改进。呼叫模式是语言教学人员利用计算机技术进行辅助教学的一种方法。

英语阅读已成为时代发展的趋势，这也是加强国际交流与合作的基础，是由英语的国家地位所决定的。为了把握时代的脉搏，顺应潮流的信息，在信息革命的时代，我们必须学会阅读，注意英语阅读方法，培养良好的阅读习惯和高效的阅读能力，能够快速阅读我们所需要的大量文献，并能够在有限的时间内获取尽可能多的信息。

2. 英语阅读 CALL 模式存在的不足

在不断进行教学改革的同时，我国的高中英语教学取得了一定的成绩。高中英语阅读教学在教学过程中占有重要的地位。阅读教学关系到学生的英语水平，是学生今后工作和生活的重要组成部分。虽然高中也在进行教育体制和教学方法的改革，但在实施阅读课堂中仍存在许多不容忽视的问题，降低了高中英语阅读教学的效率。因此，我们应该关注阅读教学模式中存在的不足。

（1）局限性

在实际工作中，高中英语教学模式在不断改进和完善，但在很多时候，课堂教学仍以教师为主。由于这种普遍现象的存在，学生在这种教学模式下，与教师在课堂上的交流较少，学生的主要地位没有得到充分体现，学生在学习中仍然处于被动的状态。评价的对象是教师，内容主要包括教师自身的英语语言表达水平、讲解知识点的能力、使用黑板等教学工具的能力，以及控制课堂的能力，忽

略了学生的评价。此外，在阅读知识和技能的教学过程中，高中英语教师只对答案进行翻译和解释，使学生无法充分理解阅读技能。在这种情况下，学生的阅读技能只能靠自己的努力和总结，导致高中生整体英语阅读能力偏低。此外，教师的教学方法过时，教学模式单一，老师经常把阅读材料作为教学语言知识的一种形式，片面强调语言点的解释，忽略了文本文章的理解和把握，忽略了应用程序的相关信息和背景知识，缺乏对学生阅读过程系统地掌握和控制。

（2）学习方面的不足

经过多年的英语学习，一些学生的英语学习存在很多问题。尤其是在阅读英语材料的过程中，他们总是依靠字典来理解文章的意思。由于他们不注重背景知识，往往停留在字面理解上，难以达到阅读理解、思考、评价和欣赏的最高水平。阅读速度仅为目前学生每分钟 145 个单词阅读速度的一半左右。然而，高中生在英语阅读过程中应尽量放慢自己的阅读速度，增强阅读理解能力，提高整体阅读质量。这些因素的存在将极大地影响高中英语阅读教学模式的效果。

（3）忽视英语阅读教学的作用

虽然一些学校在英语教学上安排了较多的课时，但是在英语阅读方面还存在一些不足。教师在英语课堂上过于注重听力、英语写作和英语语法的培养。虽然阅读是英语的重要组成部分，但投入教学中的时间和精力是非常有限的。在阅读教学中，主要依靠阅读主题与阅读课外材料的衔接，这极大地限制了学生阅读能力的发展。

3.CALL 模式在英语阅读教学中的运用

目前，全球信息正向互联网集中，通过计算机显示屏进行阅读是大势所趋。为了促使学生尽快熟悉人机界面，提高阅读的速度，利用 CALL 进行英语阅读的教学显得非常必要。英语阅读教学中应用 CALL 应有以下步骤：

（1）研究学生的阅读能力

教师在教学前应该对学生的阅读能力进行摸底，并按照摸底情况进行分级。为了真实地反映学生的阅读水平，教师应该综合学生的入学成绩、期末考试成绩（包括排名）、等级考试成绩和单项考查成绩等，根据权重进行加权平均，最终得出学生个人的基准成绩，作为分级的依据。另外，需要对学生的专业进行分析，主要是对学生的专业特点、专业需求进行分析，并对毕业生进行跟踪，了解其工作需要，激发学生学习的积极性，使其学有所用。

（2）按照分类设计材料

阅读材料的选择直接影响到教学的效果。学生的英语阅读能力的提高速度和层次往往与学生接触材料的质量、数量、针对性有关，因此，科学、合理地选择材料非常重要。为了让学生能循序渐进、逐个击破，材料应该分为以下四部分：

第一，基础部分。以均衡各方面的典型材料为主，锻炼学生的一般阅读能力，广泛涉猎各种知识。

第二，针对训练部分。以专题的形式，集中时间锻炼一种能力，可以根据题型来区分，例如主题句提问、细节提问等，既能提高考试成绩又能目标明确地攻克任务。

第三，专业需求部分。根据学生专业特点关注的重点内容，通过结合学生其他学科的知识，使学生带着背景知识去学习。

第四，课外拓展部分。摘取国外最新的新闻时事、杂志文章等，配合音、视频进行课外拓展阅读，让有兴趣、有能力的学生能继续学习。

（3）重视学生能力的培养

由于课堂的时间有限，教师不能将所有课堂时间都让学生练习，而应将重点放在阅读技能的分析和实践上。教师让学生在规定时间内先利用计算机完成针对训练部分的内容，结束后马上将学生的整体数据调度出来，找出典型的题目和易错点，结合每节课要讲的技能进行深入分析。因此，教师在课前需要对材料研究透彻，并将学生可能出现的错误逐个分析。

在此基础上，教师对该节课需要练习的技能进行深入分析，指出题目的特点和解题的方法，并结合典型的题目进行演示，让学生理解解题的步骤和关键。然后让学生再次阅读第一次的文章，根据思路一步一步解题。最后，让学生阅读另外一篇类似的题目，结束后，教师对比前后两次的成绩，了解本项技能的水平提高情况。根据反馈，教师应该考虑继续练习该专题，还是完成此项教学。

（4）课后通过互联网解决问题

由于课堂时间有限，教师利用互联网手段对个别学生进行辅导，或者通过在线论坛组织话题和讨论。教师根据课堂练习的即时反馈，组织学生之间进行一对一的辅导，让已经掌握课堂知识的学生指导那些还未能很好掌握的学生，既缓解教师的压力，又让学生在互助问答之间复习课堂知识，一举三得。

4.英语阅读教学中 CALL 模式的误区与解决

（1）英语阅读教学使用 CALL 模式的误区

计算机辅助能帮助高中英语阅读的教学摆脱千篇一律的模式，达到因专业而异、因人而异，但企图用计算机辅助语言学习取代传统的课堂教学却很容易步入误区，原因主要有以下方面：

第一，学生方面。由于学生的接受能力各异，学习习惯不同，CALL 在英语阅读的应用将直接影响学生的学习效率和效果。同时，由于高中生来自不同的地区，英语基础教育的水平参差不齐，家庭经济条件也制约了学生的计算机能力。这些都导致英语阅读 CALL 教学不可能兼顾所有学生的需求。可以考虑分班教学，或者对没有计算机基础的学生进行前期培训，让其在上英语阅读课时更关注教学内容而非被计算机知识困扰。

第二，教师方面。利用 CALL 教学虽然能提高教学的效果，但教师的备课难度将会增大，尤其是阅读材料分类数据库的整理、维护和更新需要花大量的时间。CALL 教学也对教师提出了更高的要求，既要控制整个课程的进度，又要兼顾个别学生的能力。除此之外，还要求教师具有较高的计算机水平和较高的学术水平，能对教学材料来源进行严格把关。

第三，计算机方面。虽然计算机技术发展日新月异，但目前 CALL 的程序还不够智能，人、机界面较为复杂，功能还不完善。同时，CALL 也会助长教师懒惰教学，教师仅将内容搬到计算机上，并没有根据计算机的特点重新设计内容。教师还可能不讲课，只让学生做题，重数量不重质量，重做题不重能力，重成绩不重反馈。

（2）摆脱 CALL 模式教学误区的方法

第一，组建教学团队。由于 CALL 教学并非简单地将教学内容搬到计算机上，也并非全部取代传统的教学方式，而是需要结合计算机的特点将教学内容创新性地应用到计算机上，辅助传统的教学方式。因此，这项工程需要有英语教师、计算机技术人员等人员组成的教学团队进行合作。在教学材料的选择上，还需要教师们通力合作、发挥自己的专长，分工整理材料和设计教学大纲。这样，既能考虑教学内容的科学性和丰富性，也能防止懒惰教学的情况发生。

第二，创建合作模式。应用 CALL 进行英语阅读教学是手段而非目标，因此，教师需要重视将面授和 CALL 进行有机结合。CALL 教学需要处理好教师、学生、计算机之间的关系，包括教师与学生、学生与计算机、教师与计算机、学生与学生四种关系。其中，创建学生与学生的关系显得更加重要，崔刚、顾巍提倡合作式教学与多媒体教学相结合，加强学生之间的关系能减弱目前人机交互不足的弱点，激发学生的学习热情。教师根据 CALL 反馈组建学习小组更能达到共同提高的目的。应用 CALL 进行英语阅读教学能循序渐进地提高学生的阅读能力。通过组建教学团队和创建合作模式，将 CALL 和传统教学结合起来，能避免目前CALL 条件不成熟所带来的负面影响。

5. 基于 CALL 模式的高中英语阅读教学改进措施

（1）摆脱陈旧英语阅读教学模式的不足

基于 CALL 模式，高中学生在英语阅读模式中占据主导地位，这不仅改变了以往以教师为中心的局面，也充分利用了教学资源。高中英语是非英语专业的高中生必须掌握的一门课程。在 CALL 模式下，教师可以充分利用各种资源和课件，通过虚拟网络资源增强学生的阅读能力。各类情境动态互动活动，师生频繁交流，学生阅读信息快速反馈，以激发学生课堂学习的主动性，达到课堂记忆语言知识点的目的。英语阅读教师可以通过 CALL 教学模式激发高中学生自主探索英语阅读方法，从而有效提高高中非英语专业学生的英语阅读水平，帮助教师开展有效的阅读教学。

（2）依据现实发展情况逐渐建设创新性较强的英语阅读教学环境

高中学生的英语阅读技能和方法需要建立在一定的环境基础上。在这样的背景下，高中生可以根据自己的经验，运用不同的手段来收集新知识，建立和构建新的阅读知识体系。利用 CALL 模式的优势，建立符合学生发展趋势和时代发展趋势的英语阅读教学课堂和氛围。在 CALL 模式下，教师可以通过文字、声音、图像、表格、音频和动画等方式来培养学生的阅读能力和阅读技巧。在这种独特的教学模式下，高中生可以选择基本英语阅读方法和阅读材料，可以充分调动高中学生参与学习英语的积极性，也可以帮助高中学生构建一个新的英语阅读学习的计划。另外，CALL 模式可以利用多媒体和网络视频来激发学生自主学习的热情。在这种模式下，学生可以适当选择自己感兴趣的内容进行训练和提高，这可以极大地激发学生的思维能力，帮助提高阅读水平。

CALL 模式在高中英语阅读教学模式中的应用价值也越来越高，有利于高中学生阅读能力的提高。因此，必须加强基于 CALL 模式的高中英语阅读教学模式的研究与探索，才能更好地培养新世纪所需要的复合型人才。相关人员也应该逐步加强调用之间的配合模式和高中英语阅读教学模式，并利用计算机技术的便利来弥补阅读教学的不足，以便提高学习英语的效率。

### （二）英语阅读的信息加工模式

1.信息加工模式的认知

听力和阅读都属于输入，因此，学生在阅读时采用的信息加工模式和听力的信息加工模式是一样的。下面主要从阅读的角度来阐释三种信息加工模式：

（1）自下而上模式

阅读的自下而上模式（bottom-up model）认为读者在阅读时利用字母组合、词、句等语言单位来构建文本的意义。这个模式认为读者在阅读时，自左到右依次读取字母、单词、短语、分句和句。读者阅读时依照从较小的语言单位到较大的语言单位的顺序，因此，这个模式被称为自下而上模式。

（2）自上而下模式

阅读的自上而下模式（top-down model）认为阅读是一个不断地利用背景知识以及文本中的语言信息进行假设、猜测和验证的过程，这个模式认为激活读者的背景知识有利于阅读理解。

（3）互动模式

互动模式（interactive model）认为成功的读者在阅读理解时既使用自下而上模式也使用自上而下模式。从两个方面来看，阅读是个互动过程：①读者既利用背景知识来获取信息，也从文本中的文字获取信息；②在阅读过程中，很多技能都在同时起作用，共同协作。

2.信息加工模式的融合

随着人们对阅读过程的本质的理解变化，外语阅读领域被注入了新活力，阅读不再被视为解码过程，而是自上而下加工模式和自下而上加工模式的综合。自上而下模式是指读者利用背景知识和图式来理解文本；自下而上模式指的是读者依据文本中的数据（如单词、短语、句子等）来理解课文。在阅读时，最有效的方法是把这两种信息处理模式综合起来，即利用信息的互动处理模式（interactive processing model）来理解课文。这三个信息加工模式对英语阅读教学的启示是在阅读前要启动学生的知识背景。当教师确信学生缺乏课文话题的背景知识时，要主动提供相关的背景知识。教师也可以通过课前的准备活动让学生上网查阅相关的信息。而单靠背景知识并不能解决阅读中碰到的语言问题，语言是信息的载体，在学习课文时，需要借助自下而上的信息加工模式，通过理解语言所负载的信息来获取文本的信息。

自下而上模式可以用来教授语言点，而自上而下模式可以用来培养学生的阅读技巧和策略。阅读是个心理语言的猜测游戏（Reading is a psycholinguistic guessing game），读者不断地做出各种假设，在阅读过程和阅读材料中不断求证，不断地调整自己的阅读方法和阅读策略，不断地跟文本进行互动，以寻求对文本的有效理解。学生在阅读的过程中会交替使用自下而上模式和自上而下模式。

## （三）英语文学与报刊阅读教学模式

1. 英语文学阅读教学模式

（1）英语文学阅读教学模式的构建

此处选用人教版高中英语选修课本《小说欣赏入门》《北师大版高中英语》《人教版高中英语》教材中有关文学阅读的课文，结合《书虫》《典范英语》中的相关作品，展开文学阅读欣赏课和文学体验阅读活动课的具体研究。研究中构建了基于核心素养的高中英语文学阅读教学模式，即课前准备（Preparing and presenting）→阅读理解（Reading and comprehending）→探究欣赏（Exploring and appreciating）→分享表达（Sharing and expressing）。

①课前准备（Preparing and presenting）

文学阅读课往往文章篇幅长，且生词较多，因此，利用课前制作的微课来介绍作者生平、主要作品、创作背景和写作风格，讲解文章的生词。学生通过课前学习，为理解课文扫除障碍。

②阅读理解（Reading and comprehending）

阅读理解环节是学生对输入的语言信息进行解码加工的环节，也是可理解性语言输入的过程。学生听或读课文并完成理解练习。设计各种活动理清故事结构，如利用思维导图厘清人物关系，把打乱的文章段落排序等，让学生听得懂或读得懂，培养学生的细节理解能力和逻辑思维能力。

③探究欣赏（Exploring and appreciating）

通过问题导学探究欣赏课文，引导学生进行分析、概括、联想等思维活动，尤其学会分析、评价主要人物，培养学生的推理判断能力和批判性思维。通过问题导思，布置学生课前以 pair-work 方式展开讨论，互相阐述、倾听、交流、互动。课堂上再带领学生根据讨论过的问题对文本进行批判性解读，培养学习力，发展思维力。

④分享表达（Sharing and expressing）

分享表达是语言外化环节，学生通过关键词概括人物特点，探讨内涵，并设计插图，用英语创意表达，提高创造性思维和书面表达能力。通过 pair-work 或 group-work 的协同合作，话题语言和话题结构得到丰富、补充、清晰、强化。

（2）英语文学阅读教学模式应用

①英语文学阅读的教学目标和重难点

第一，高中英语文学阅读的教学目标为：学生能读懂有关弗兰肯斯坦梦想、奋斗、破灭以及怪物被抛弃、流浪、报复等细节；学生能根据思维导图厘清主要人物弗兰肯斯坦与其他人物之间的关系和故事的结构；学生能通过问题导学探究欣赏课文，尤其学会分析、评价主要人物弗兰肯斯坦和怪物；学生能通过关键词概括人物特点，探讨内涵，并设计插图，用英语创意表达。

第二，教学重难点。重点是引导学生听读课文并完成理解练习，厘清人物关系和故事的结构；概括人物特点，探讨内涵，并设计插图，用英语创意表达；难点是引导学生通过问题导学探究欣赏课文，尤其学会分析、评价主要人物弗兰肯斯坦和怪物。

②英语文学阅读的教学过程

第一，课前准备

课前以微课形式呈现以下内容：

A bout the author（知人论世，介绍作者和背景知识）

A bout the writing style.（介绍哥特式小说风格）

Choose the right meanings of difficult words（学习文章的生词）

学生有一定的阅读欣赏能力，课前借助微课认真学习背景知识和生词，并完成阅读作品任务。

第二，听、读、理解。本环节是听读故事、理解课文，组织下列活动：

Listen and read the text carefully and do True or False exercises.（认真听读课文并完成理解练习，检测了解故事内容的情况）

Makeclear the relations between Victor Frankenstein and other characters.（根据思维导图厘清主要人物弗兰肯斯坦与其他人物之间的关系和故事的结构）。

第三，探索与欣赏。探究欣赏环节以问题导学为主，重点思考与解答三个问题。问题 1、2 重在剖析弗兰肯斯坦的双面性和悲剧性：他渴望知识，有抱负，为理想不懈努力，但又以自我为中心，将科学探求凌驾于社会伦理道德之上，最终导致悲剧性命运。问题 3 重在剖析怪物形象，通过细读怪物流浪经历的描述及最后一段倾诉和自绝的文字，判断怪物的善恶、内心诉求的原因。在课堂中，教师发问的题目，具体如下：

问题 1：Why did Frankenstein create the monster？（为什么弗兰肯斯坦创造了怪物？）

问题 2：What did Frankenstein do to the monster？（弗兰肯斯坦对怪物做了什么？）

问题 3：Why and how did the monster destroy Frankenstein's life？（怪物为什么及如何毁掉弗兰肯斯坦的生活？）

第四，分享与表达。分享表达环节引导学生用关键词概括弗兰肯斯坦的三个行为：梦想、奋斗和毁灭（dream，struggle，destroy）。从这三个方面选用至少三个形容词分析弗兰肯斯坦的性格特点，并提供理由和依据。下面对教师、学生分享和表达环节做如下情景解析：

首先，Describe Frankenstein and the monster.（描述弗兰肯斯坦和怪物）

学　生：I think he is crazy because in order to test his discovery, he created the monster using parts of bodies.

教　师：Yes, he became obsessed with creating life and spent all his time and energy on this crazy deed, without thinking about bad effects that might come with it.So heir crazy.

学生选用的形容词还有 passionate，pitiful 等，通过概括、描述和思辨，对人物性格和命运有了更深的理解。与此同时，引导学生用关键词概括怪物的三个行为：被抛弃、流浪和报复（abandoned，wander，revenge）。从这三个方面描述怪物，选用至少三个形容词分析怪物的性格特点，并提供理由和依据。

学　生：I think he is miserable because he had no family, no memories, no childhood and was badly treated borehole.

教　师：Yes, although he is warm-hearted and show kindness to mankind, people are still scared of his ugly appearance and treat him badly, so he is miserable.

学生能使用关键词概括人物主要行为，并从多方面、多角度看待人或事物，批判性思维得以发展。

其次，Creative writing（创意写作）。一是以 Frankenstein in my eyes（我眼中的弗兰肯斯坦）为题，设计插图，并用英语创意表达；二是以 The monster in my eyes（我眼中的怪物）为题，设计插图，并用英语创意表达。

2. 英语报刊阅读教学模式

英语报刊教学是利用英文报刊作为教学资源对学生进行英语教学。报刊教学作为国际研究项目主要用于提高报纸在学校教育的运用价值。

英语报刊阅读教学模式受制于英语新闻语篇的语域（register）特征。语域可以分为话语范围（field of discourse）（语场）、话语方式（mode of discourse）（语式）、话语基调（tenor of discourse）（语旨）。语场反映语言使用者的目的，需要不同的言语风格。语式是指口头语言或是书面语言。语旨标志着交际双方的关系，关系不同，则言语风格自然不同，可分为正式体、随便体、亲密体等。具体到英语新闻语篇中，语场就是指新闻的具体内容和所要达到的目的，语旨就是新闻作者和受众之间的关系，语式是指新闻的传播方式：口头的或书面的。娱乐新闻的随意性和趣味性、政治新闻的严肃性和商务新闻的准确性构成了新闻语篇的多样性。正是新闻语篇的多样性决定了英文报刊阅读教学模式的多样性。建构主义学习理论认为，学习者的知识是在与周围环境的相互作用中自己建立的。英文报刊不仅是传输最新信息的媒体，而且是促进学生知识建构的思维工具，是促进合作性学习的动态的、开放的学习平台。

英语报刊阅读教学模式从形式、内容上看是多种多样的，可以按照不同的方式划分，因此，不同名称、不同种类的教学模式层出不穷。一堂课的教学设计往往是多种教学模式的综合。

（1）宏观层面上的教学模式

第一，合作式的教学模式。合作式教学模式又称生生互动、师生互动教学模式，协商性教学模式。以小组合作性活动为主要组织形式，学生针对同一学习内容彼此交互和合作，在共同完成任务的过程中，达到对学习内容的深刻理解和领悟。

　　制定小组任务→合作完成任务→汇报结果。学习内容包括听、说、读、写诸方面，活动形式多样化，如讨论、辩论、角色扮演等。又如《21世纪英文报》中有一些关于"travel"的文章和图片。让学生根据掌握的资料、图片做成手抄报。当然，这需要大量的信息准备工作，单靠个人的力量是不够的，可以让学生分组进行。制成的手抄报可以在课堂上展示，倾听别人的意见，表达自己的观点，分享共同成果。

　　第二，自主探究式的教学模式。学生自主选择报刊上的话题，借助网络资源、网站和教学资源库，根据自己的实际情况、学习任务和学习需要，自定学习计划，自定适合自己特点的学习方式和学习进度，独立自主地进行探索性学习。

　　操作程序主要有三个方面：①选择话题。先在报中选择话题，再阅读所选文章。学生每天读报20～30分钟。②纵向扩充与读书报告。利用网络资源，对选择的话题进行纵向扩充。然后写总结和读书体会，内容包括读报期数、文章题目、文章内容简介、读后感以及有用的词汇和句子。③朗读复述。学生用约5分钟时间朗读和复述所选择的文章。此外，也可以建议学生每天早自习或课外用10～15分钟时间阅读1～2篇文章。将每篇文章的好词、短语、句子画出来，并摘录到专用的笔记本上，不断积累。

　　第三，多媒体辅助的教学模式。《21世纪英文报》利用网站资源，对学生的听、说、读、写技能训练提供帮助。每期报纸部分文章配有录音材料，读者可以登录官方网站聆听标准的发音。同时，每周还针对高一、高二、高三年级设置检测题，包括听力、单项选择、完形填空、阅读理解、单词拼写等题型。这些材料大多来源于报纸，并与课本同步。另外，对于《21世纪英文报》的听力材料、检测材料，教师可以将文章听力材料下载后，用Realplayer播放，以Power Point的形式将材料以填空、问答等形式打在投影上，供学生做听力、口语训练之用。这一教学模式可以表述为：利用网站资源—设计学习任务—设置检测项目—任务质量评价。

　　多媒体辅助教学模式有利于学生通过网络进行跨时空的交际。例如，在教授SEFC Book 1，Unit 1时，Basic task就是教学生发电子邮件（e-mail）。可以结合参与《21世纪英文报》*Your words*栏目，带学生到电子阅览室，让他们登录www.21st century.com.cn网站，将自己的看法以e-mail形式发给编辑。当"What do you think of gossip？""Who do you admire the most？"等话题讨论材料变成铅字出现在《21世纪英文报》上时，学生学习英语的热情会顿时高涨，能深切感受到参与就能享受成功。

听力和写作一直是中国学生英语学习的难点，此模式对提高学生听力和写作能力效果显著。例如，课前，老师从报纸上选定文章，学生利用网络搜查资源；课上，老师播放录音，观看新闻短片；课后，老师要求学生进行缩写、改写、听力练习等。

（2）教学过程层面上的教学模式

第一，"预测—阅读—印证—交流"教学模式。首先，根据学生水平进行文章选取，最好能找到既适合学生水平又能吸引学生兴趣的文章；其次，让学生就这一题目进行讨论和预测，同时将相关的问题做笔记，为下一步快速阅读做准备；最后，让学生进行快速阅读，在最短的时间里了解信息构成，引导学生进行对这一主题的印证和交流。

第二，"阅读—讨论—归纳—展示"教学模式。首先让学生进行阅读，泛读或精读；然后指导学生对文章内容进行讨论、归纳和总结，可以分组进行；最后由小组展示归纳结论，可以采用汇报、辩论、演讲等形式。

第三，"课下泛读—课上精读"教学模式。教师预先布置课下泛读作业，下次课上选取一部分适合精读的文章进行学习，通过文章的阅读学习语法和词汇。

第四，"朗读—听音—讨论"教学模式。先让学生朗读文章，然后听录音或他人朗读，再通过讨论主题加强口语能力，培养学生独立思考、阐述自我观点的能力等。

第五，"阅读—归纳—讨论—写作"教学模式。此模式把阅读、口语和写作相连接。先让学生阅读归纳并总结，然后进行讨论将主题升华，最后根据讨论结果和阅读内容进行写作读后感或者新闻题材的文章。

《21世纪英文报》设有《每周一评》栏目。文章采用议论文的写法，对学生关心的热点话题进行分析和点评，点评结构清晰，论证有力，观点健康向上，是学生模仿议论文写作的范例。此外，报纸的第七版有传统的热点讨论话题栏目，也为学生提供了发表观点的平台。教师还可以要求学生在阅读完一些典型篇目后，坚持写文章概要和提纲，概要一般不宜太长，字数在100～150字。教师还可以鼓励学生每天坚持做一些摘要、札记，记录一些名言、警句。

（3）英语技能训练上的教学模式

第一，辩论式的英语教学模式。通过合理分组，积极诱导，激发学生运用自己所学的英语知识和技能，围绕他们感兴趣的话题进行辩论。例如，*Your words*（《畅所欲言》）栏目，选择一些学生关注和感兴趣的话题，如 Is pirated music OK（高中版，第 203 期）、Do you like nicknames（高中版，第 194 期）、What do you think of gossip（高中版，第 192 期）等让学生用英语展开辩论。

第二，开放式自由讨论的教学模式。学生在读报之后，可以对文章中的某个要点谈谈自己的看法或分组进行讨论，最后由教师总结。其目的是培养学生的语言表达能力、创新能力以及综合能力。例如，Should the first exam be difficult（高中版，第 195 期）、How can we save the planet（高中版，第 193 期）等均可作为讨论话题。

（4）课外活动形式上的教学模式

第一，口语竞赛。例如，演讲比赛、辩论大赛等都是比较好的锻炼学生口语能力的方式。演讲比赛可以是小型的分组比赛，先对老师布置的主题进行讨论，然后选出小组代表演讲。辩论可以在对某一话题充分讨论的基础上，在小组间进行，人人都能参与。

第二，写作评比。写作评比可以促进学生的写作兴趣，可以办班级板报，也可以将经过修改后的好文章发表在报纸上。另外，还可以进行版面设计比赛，发挥学生的想象力与创造力，激发他们学习英语的兴趣。

第三，英语角。建立一个宽松的环境，让学生自由地说英语，自由地交谈，认识新朋友，增强交际能力。

第四，角色扮演。角色扮演的形式是多样的，例如，让学生在舞台剧、小品剧中扮演角色，给一些简单的电影画面配音，举办英语晚会、小记者采访活动等。

## （四）英语阅读教学的多模态模式

高中的英文教学需要一改传统的授课方式，教师应该多利用新型教学媒体进行辅助教学，例如通过音频、视频、图片等方式丰富教学内容，激发学生们的学习热情。现阶段有许多教师并没有意识到多媒体教学的重要性，还是习惯用传统的、单一方式开展英语教学活动。

多模态教学与传统教学方式相比，增强了触觉、视觉、嗅觉、听觉、味觉这几种感官的互动，感官的融入可以更好地感知这个世界，并且通过内外部的互动，充分调动感官，在更多的体验中进行英语学习。教师也应该充分地调动感官，用音频、图文、视频等多种形式进行阅读教学活动，提高同学们的英语学习效率。

1. 英语阅读导入环节开展多模态教学

导入是课堂教学的一种重要组成部分。在导入教学过程中，教师应该充分地激发学生的学习热情，调动学生的积极性，展开合理的多模态教学模式。

例如在"Unit 3 Life in the future"这个单元中，教师可以通过导入环节，让学生们设想未来的场景，让他们探讨和想象未来生活的样子，并且在想象的基础上，尽量用英语表达出自己的设想，以提高英语表达能力。多模态教学可以通过这种引导，让学生们对身边的生活方式、环境等进行讨论，并且在整个教学过程中提高学生们积极思考的能力。

教师可以在导入环节采用动作、口语等多种形式。学生们在充分讨论之后，教师展开多模态教学。在教学中，教师可以通过给学生播放关于未来的视频让学生们对未来展开积极的想象和预测，视频播放完之后，让学生们探讨自己眼中的未来是怎样的。学生们针对这个问题进行思考、探讨，培养他们的英语思维能力，顺利地展开导入课程环节。

在教 he acropolis now 这个单元时，教师可以在导入环节为学生们讲解图片上的内容，并且根据图片展示向学生们发起互动提问。学生们在讨论图文内容时会遇到陌生词汇，教师可以通过思维导图的方式，结合语境，为学生们讲解陌生词汇，可以通过猜测陌生词汇的含义，来培养他们的思维能力。之后，教师可以通过让学生练习填空来加强对陌生词汇的记忆，让他们把新知识有机地与已学过的知识结合起来，帮助他们记忆。在整个过程中，教师可以通过多模态教学方式，从听觉、视觉为学生们提供感官刺激，有效地进行课堂导入。

2. 英语阅读内容环节开展多模态教学

在高中的英语教学中，最主要的任务是讲解一些知识点，教师应该使用多种模态教学来辅助知识点的讲解，让学生们能高效地掌握重点内容。例如，在第三单元的阅读教学中，教师可以通过这种多模态方式展开教学活动。

（1）教师可以让学生根据一些图片积极地思考人类面临的各种现状，结合课文内容，对未来进行合理预测。

（2）教师可以引导学生积极思考一些问题，例如，"为什么主人公能够去到未来的世界？他是怎么去3008年的？"提出问题之后，为学生们播放课程的音频软件和展示文稿，让他们带着问题进行阅读。整个过程，教师用到了音频、文字多种模态的教学方式。

（3）教师可通过幻灯片"PPT"等进行知识点的展示，教师可以在黑板上列举同学们需要注意的知识点，并且在讲解这些知识点时，可以在黑板上举一些例子，如重点词汇的造句等。在课件中，教师也可以通过不同的字体与颜色来突出重点内容，引起他们的重视。

3.英语阅读的练习课开展多模态教学

在英语教学中，阅读练习课是不需要导入环节的，可以直接进行练习。阅读练习课需要让学生们完成一些常见的英语题型，包括完形填空、阅读理解、纠错等。练习课也可以使用多模态教学方式开展教学活动。例如，学生有很多难以理解的知识，教师除了可以进行口头讲解之外，还可以使用多模态教学帮助学生理解。而对于简单的知识，教师可以让学生自由讨论，充分思考，对已学到的知识进行归纳和总结。

例如，在阅读理解教学中，教师可以通过黑板、文字、动作等多模态教学方式。如在练习完形填空时，可以着重讲解比较难的知识点，并且在黑板上列出重点内容。学生们在记录完之后，可以再次通过教师的动作、表情等方式加深对新知识的记忆。

综上所述，教师将多模态教学方式合理地使用，让学生们增强感官体验，并且可以通过多渠道的知识获取，达到更好的学习效果。相比于传统教学，多模态教学可以让学生们在教学活动中，通过感官的调动，更好地理解教学内容，激发他们的学习兴趣，尤其是对于英语阅读教学课，通过多样的、形象的教学手段来帮助学生们更好地达到教学目标，提高教学质量，让学生能在良好的教学活动中提高阅读能力，培养学生们的核心素养。

## 三、高中英语阅读教学中的思维能力提高活动

思维能力是一个综合性概念，包括理解力、概括力、推理力、判断力等。英语阅读教学中，应认识到英语阅读活动不仅是对学生所学知识的检验，更是对学生思维能力的锻炼。因此，除了做好英语基础知识教学外，还应将学生思维能力

培养融入阅读教学的各个环节，给予学生针对性的启发、引导，提高他们的思维能力。

## （一）高中英语阅读教学中的理解力

理解力是对事情的认识、认知转变过程的能力。英语阅读教学中培养学生的理解力可以使学生更好地把握阅读内容，理解作者意图。为获得预期效果，一方面，汇总英语阅读中考查学生理解力的常见设问形式，传授相关的分析技巧。相关问题主要涉及文章数据、人、物、地点、原因、结果等。其中广告、说明文及新闻类的阅读内容常考查学生的理解力。问题形式主要有：According to the passage, which of the following is true/not true？ According to the passage, what of the following is not mentioned？ All of the following are true except。该类问题的答案通常可以在文章中直接或间接地找到，一些答案一般会更改词语或句子表达方式。回答时应回到原文，仔细揣摩，逐一排除错误的选项；另一方面，在课堂教学中针对性地筛选阅读内容，训练学生的理解力，使其能够认识与纠正理解上的错误，积累相关的解题经验。同时，专门留下空白时间，鼓励学生相互交流阅读经验，总结一套适合自己的解题思路。

## （二）高中英语阅读教学中的概括力

概括力是将不同事物中或同一事物的不同部分、不同特性、不同方面中的核心内容联合起来的能力。阅读教学中培养学生概括力应注重内容的落实：一方面，为学生讲解考查学生概括力习题的发问形式和相关的答题技巧。常见发问形式有：The passage clarify deals with__？ What's the topic of the article？ What's the subject discussed in the text？ 通常情况下，内容中的 Therefore、As a result、However 等词语后面常常引出内容主旨，需引起足够重视，阅读时可放慢速度，细细品味；另一方面，为了使学生准确地把握文章内涵与外延，掌握分析阅读内容的技巧，能够准确概括出文章或某一段的主旨，训练时应注重筛选学生感兴趣的文章内容，调动他们思考的积极性。尤其要帮助学生剖析错误选项的特点，一些选项以偏概全，将局部信息当作文章主旨，部分选项归纳的主题较为笼统，或强加给作者一些观点等。

## （三）高中英语阅读教学中的推理力

英语阅读教学中培养学生的推理能力，可进一步深化学生对阅读内容的理解，包括对作者态度、观点的推理，以及文章中某一单词含义的推理和文章发展状况的推理等。其常见的发问形式有：The writer's purpose in writing this story is__？ What does the underlined world refer to？ What may be talk about before the first paragraph/after the last paragraph？教学中应注重为学生讲解该类问题的技巧，例如，在推断作者的态度时 disappointment、critical、disgust 表示贬义，support、interesting、Admiring 等为褒义的。为提高学生的推理能力，使其掌握推理的技巧，在解题中少走弯路，可给学生讲解相关例题，使学生感受具体推理过程。

## （四）高中英语阅读教学中的判断力

判断力是基于获取的信息、经验做出判断的能力。英语阅读教学中培养学生的判断力，对提高解题正确率具有重要促进作用。培养学生判断力时既要要求学生严格按照阅读内容进行合理的分析，又应充分尊重原文内容。英语阅读中考查学生判断力的常见设问形式有：Which of the following descriptions of the article is correct/wrong？ What should we do according to the author in the article when？ According to the content of the article，which of the following practices are not welcome？为提高学生的判断力，教学中应组织学生进行专项训练，使学生见到尽可能多的设问方法及答题技巧。

"高中英语阅读教学中为更好地培养学生的思维能力，应注重相关理论的学习，明确思维能力涉及的方面，制定明确的培养目标及详细的培养计划，通过讲解相关例题，组织学生开展阅读训练活动，不断提高学生的思维严谨性、灵活性，顺利完成思维能力培养目标。"①

---

① 温日禄.高中英语阅读教学中学生思维能力培养路径研究[J].校园英语，2021（29）：200.

# 第二节　高中英语写作教学中的思维活动

所谓思维活动是指对人脑开发的训练技术，用多种方式将人脑进行强化。在当前高中英语写作教学中，合理、有效地开展思维活动，能够促使学生英语写作能力的提高，也能在此过程中提高学生的思维水平，帮助学生养成独立思考、知识迁移以及英语应用等能力。

## 一、高中英语写作教学中思维活动的意义

从宏观层面而言，英语写作教学可以锻炼学生的英语思维能力，提高其综合运用能力；从微观层面而言，高中英语的写作教学会对学生的英语成绩有所影响。所以，高中英语写作教学具有重要的意义。

第一，对学生的英语成绩产生一定的影响。在高中英语新课程的相关标准中，将学生可以独自起草简单的报告作为教学目标，要求学生可以依据图片编出简单的故事，可以将课文重新编为短剧，可以用合理的词语书写便条、问候卡以及信函，可以运用语义连贯的词汇叙写结构完整的人物或事的短文，并表明自己的观点与态度。这不仅是英语写作教学的相关要求，还是提高学生英语成绩的关键。

第二，培养学生的英语思维能力。在当前的学习过程中，学生运用汉语思维较多，但写作教学意在帮学生构建英语思维。强化学生的写作教学训练，使其跳出母语的固有思维，熟练掌握英语口语及书面表达的相关技巧，进而学会用英语思维方式去表达。

第三，提高学生的英语综合能力。英语写作教学涵盖多元的英语知识，学生应熟练掌握英语思维、流畅的英语表达能力和缜密的文章布局能力，以上这些对学生综合能力的提高可以起到事半功倍的效果。

## 二、高中英语写作教学中思维活动的问题

就高中生而言，英语写作是一项不易习得的语言技能，思维活动在英语写作过程中有以下方面的问题：

第一，较重的心理负担。大部分学生觉得英语写作较难。短时间内不易提高写作技能，且见效也较慢；同时，学生往往因为词汇量积累不足或缺乏写作技巧而备受困扰。很多学生出现抵触情绪，导致信心不足，甚至在写作训练方面不能主动配合教师完成练习，产生排斥心理，导致学生练习写作的信心与动力有所下降。

第二，写作基础不扎实。写作基础是指遣词造句的基础功力。部分学生在这方面出现的问题就是词汇量积累不足，甚至有一些学生想要运用文字表达时，词不达意。除此之外，语法错误、用词不当、单词误拼以及标点错误等现象无处不在。这种错误的语言表达效果，映射出学生常用词汇量的严重不足，英语句式运用能力较弱。

第三，写作内容贫乏。就学生平时练习与考试结果来看，多数学生的作文内容空洞，思路不清晰。说明学生在英语写作方面思维不活跃，缺乏深度思考与观察，在写作时懒于思考、思路阻塞，习惯性运用一些简单、浅显的词语，导致写作内容平淡、单调。个别学生的作文甚至没有实际内容，整个文章空话连篇，苍白无力。

## 三、高中英语写作教学中思维活动的作用

### （一）克服学生厌烦写作心理

写作是高中英语教学的重要组成部分，是检验学生书面表达能力的一个有效途径。可是，对于许多高中学生而言，如何克服学生这种厌烦心理，提高他们的写作能力，让同学们写出符合题意、行文连贯的作文是广大英语教师不可推卸的责任。可见，应该从基础的词汇短语着手，逐步加大难度到句子，从而逐步培养学生的写作兴趣，让学生不再厌恶作文，写出比较切题的短文。

1.务实基础，从课本着手

基本的词汇、语法及句型都来源于课本。在进行词汇教学中，讲清每个词的意义、用法和习惯搭配，并给出例句以便课下记忆，这种记忆是反复记忆，课下

得多花时间。词汇和短语搭配记忆准确与否至关重要。只有把基础的东西熟记于心，才能过渡到句型。至于句型和语法，本书认为，许多课本上的句子都是很好的素材，在教学中加强这些例句的练习与记忆，可以起到事半功倍的效果。

2. 评讲典型错误的案例

在批改作文时教师都会发现，许多学生都会出现相同的错误，如语法、短语搭配、汉式英语等。对于一些共同性错误，尤其是语言、文化上的评讲，是帮助学生避免汉语式表达，逐渐走向标准英语的方法之一。针对这种现象，可挑选具有代表性错误的例文，让学生们集体讨论并纠正错误，尽量让学生自己把作文修改正确，修改完之后再让学生把改后的文章整理出来。这种集体订正的做法，不但节省了教师的时间，还加深了学生的记忆，避免了教师与学生的直接交流，维护了学生的自尊。

3. 掌握英语写作技巧

首先，仔细审题，弄清写作目的，确定体裁格式、时态、中心人称和内容要点；其次，围绕中心列出提纲和主题句，一定要避免与中心无关紧要的内容。有了框架之后，用最恰当和熟练的短语、句型把要表达的意思逐句表达出来，切忌用汉译英的方式进行。写作根据需要把文章分成几个段落，尽量多用简单句及个别有把握的复合句。在完成后，不能忽视检查，要仔细检查时态的前后呼应、人称与动词的变化、单词的拼写、标点符号、规定字数等，避免出现错误。

在写作过程中，灵活运用各种句型。尽量多使用日常积累的句型，使语句连贯、流畅。切记，不要根据提示逐句翻译和汉式英语。文章的开头和结尾部分是非常重要的地方，所以，这两部分应该多花时间进行雕琢。另外，合理地运用关联词。在一篇好的作文中，句与句的衔接一定是很精彩的，所以，要求学生掌握各种类型的关联词非常重要。

4. 背诵范文，进行参考

在学习中，很多资料上都会有一些优秀例文，同学可以经常朗诵并背诵。此外，班上同学的一些优秀作文也可以背诵。多记忆一些优秀范文，不但语感会增强，同时也会积累一些句型和词组。通过背诵，让同学们头脑中有内容，在遇到作文时就不会头脑空空，无话可说。

在写作课上，让学生们先写，完成之后把自己的作文与例文进行比较，借鉴别人的写作方法和技巧，再进行仿写。仿写不单单可以从内容上仿写，在选材、修辞上都可以。实践证明，仿写能使学生有样板、有目的，是行之有效的方法之一。

　　根据以上四方面，在教学过程中让学生长期、反复练习，培养学生的写作兴趣，逐步写出比较符合题意且行文连贯的作文。当然，写作能力的培养与提高，仅靠这些做法是不够的，还要通过大量的练习才能提高写作水平。只要在教与学两个方面不断地探索，循序渐进，持之以恒，激励学生，充分发挥学生的主观能动性，创造和谐的语言学习环境，就一定能促进学生写作能力不同程度的提高。

## （二）以学生为本创新写作方法

　　英语写作其实是利用已习得的语言知识表达自我思想的过程。所以，学生应储备大量的知识，合理地运用语言、美化语句、调整好篇章结构、提高写作技巧。

　　1. 掌握基本知识

　　（1）写作能力的提高应遵循一定的规律，由易到难，循序渐进。教师应重视学生写作能力的基础培养，以词汇为着手点。词汇是作文的基础，缺乏词汇积累、用词不灵活是广大学生在英语写作过程中常见的问题。用词准确、灵活是达到英语作文标准的必要条件。为了真实地表达自我，学生便要掌握足够的词汇量，养成单词积累的习惯，识记与背诵是最好的方法。同时，教师在日常的课堂教学中可以运用"听写—造句"的方式帮助学生记忆单词。听写的过程中不仅练习了听力，还锻炼了书写能力。

　　（2）为了写出优秀的作文，学生应多读、多背优美词句，或者是一些暗语、俗语，这些词语在写作中可以起到锦上添花的作用。此外，学生也应加强阅读量，同时背诵、抄录一些常见的、适用的语句，使之成为写作的素材，写作时便能做到"下笔如有神"。

　　（3）加强翻译训练，正确使用时态。翻译句子可以使学生更熟练地掌握所学的短语与单词，这为英语写作打下了坚实的基础。不能正确翻译句式的学生，其在作文的写作方面能力也是薄弱的，所以，教师可以以单句翻译为切入点，来加强写作训练，进而提高学生的造句能力，使他们能准确掌握各种时态。

2.掌握写作技巧

（1）仔细审题，明确要求

学生对于题目中的相关内容要仔细思考，弄清楚表达的内容，研读相关的汉语信息，准确把握要求，同时将现有的信息与要求重新进行调整，使语句更为明朗，以合适的角度进行书写。

（2）紧扣主题，选准要点

高考英语的写作特征是，考生应将要表述的内容在题目中述说清楚，在写作过程中选中要点，理清脉络，根据要求作答，避免遗漏要点。

（3）灵活运用，表述得当

英语写作并不是简单的汉英直译，相比而言，汉译英的灵活性更强。学生在写作过程中不应局限于对写作素材进行生硬的翻译，而应做到灵活运用，将主题间接地表述出来。学生应尝试重组调整，由易到难，努力调整句子的顺序，进而使句子表达得当而合理。

（4）仔细检查，谨慎修改

作文写作结束后，学生应仔细检查，也可以与同学互检，再交给教师批改。检查过程中应注意：格式与体裁是否合理；句子成分是否完备；要点是否全面；单复数变化是否正确；语态、时态的主谓是否得当；单词书写是否正确；字数是否符合要求等。

## 四、高中英语写作教学中思维活动的构建

### （一）完善相关知识，奠定学生写作思维基础

对于英语写作而言，影响较大的因素是学生知识的储备，以及知识的灵活应用。教师应明确，提高学生的思维能力需要具有一定基础知识作为支撑。为此，教师需要在写作教学中，给学生讲解一些典型、常用的基础知识，从最简单的词组出发，讲解词组在英语写作中的具体应用，再深入句子中，让学生认清楚英语句子的组成结构，帮助学生储备基础知识，打好英语思维的基础。

在英语写作教学的过程中，通常会遇到一些固定搭配和重点单词的基础知识。巧妙地给学生讲解固定搭配和基础知识能够让写作变得简单，也有利于学生发散英语思维，合理且流畅地运用这些基础知识。为此，需要教师在写作教

学中重视知识的讲解。例如，在教学 be made of 和 be made up of 这对词组的过程中，教师就可以讲解两者之间的具体应用及相似之处。先是两个词组都具有"由……组成"的含义。be made of 能够从外表看出原材料，如"The chair is made of bamboo."be made up of 则强调了部分组成整体，运用于整体和局部之间的联系。如"Our class is made up of 56 students."利用这种方式，在讲解基础知识的过程中融入英语词汇辨析，有助于培养学生的思维逻辑，让学生将基础知识运用到写作中，提高自身的写作能力。

### （二）训练学生的英语思维能力，开展写作提纲教学

在英语写作教学过程中，要让学生的思维能力得到锻炼，就需要让学生明确写作的方向和内容，使学生胸有成竹，使写作课程顺利展开。在写作中让学生通过自己的思维去找写作的方法。为此，教师应在写作课堂中积极开展写作提纲教学，让学生将自己写作的方向和内容整合，以提高学生的英语写作水平。

在进行英语写作教学过程中，教师要善于从教材中寻找写作素材，让学生融入书本，构建相应的写作提纲，完善自身的写作思维。例如，在学习"Festivals around the world"这一章节时，由于是描写中国传统文化的内容，教师就可以根据本章节的主题让学生写作，并在写作前让学生将自己所要写的方向和内容进行构思。如有些学生想写春节（Spring Festival），那么，首先让他们寻找与春节对应的传统习俗，如 eat dumplings；然后，要让学生思考如何将两者有机组合，在这个过程中训练学生的思维能力。同时，教师也可以给出相应的例子，让学生进行参考："The traditional custom of Chinese Spring Festival is to eat dumplings."在这种模式下，让学生在写作的过程中搭建写作框架并自主思考句子间联系的方式，能在帮助学生提高写作水平的基础上，训练思维能力。

### （三）加强语法练习，落实英语思维训练实践

在英语写作教学中，教师应明确提高英语思维能力本质上是学生对英语语言规则的掌握。为了保障学生在写作中合理利用语言表达自身的情感，同时确保学生语言运用的正确性，教师应注重语法知识的教学，让学生在运用语法的过程中提高自身的思维能力。就本质而言，训练学生的语法能力，实质上就是训练学生英语的思维能力，教师可以通过让学生仿写句子或自主探究造句的方式，在实践

训练中提高自身的思维能力。

在英语教学中，一些语法的运用和写作的技巧需要教师在课堂上传授。例如，利用"现在完成时"写作，教师就可以先讲解现在完成时的具体构成、具体应用，然后写出几个例句让学生仿写："I've known Li Lei for three years./I haven't seen her these days." 让学生仿照这种方式进行语法知识的练习，再把这些句子作为开头进行畅想性写作。在这个过程中，帮助学生将语法知识运用到实际写作中，训练学生的英语思维能力。

### （四）纠正学生错误语言习惯，提高英语思维能力

若想切实训练学生的英语思维能力，提高学生的英语水平，就需要教师在写作的过程中纠正学生语言习惯上的错误。具体而言，在现阶段的高中英语课堂中，中式英语一直都是影响学生提高英语水平的阻碍。学生很容易将中文直译成英语，造成语言的不规范。长此以往，会影响学生英语思维能力的提高，难以提高学生实际应用能力。因此，教师要在写作训练的过程中罗列中式英语错误例句，引导学生发现其中的错误，并通过思维训练强化学生的逻辑表达，训练学生的英语思维能力。

学生思维的训练需要教师从日常教学中发现学生英语口语中的不足，加深学生的印象。教师可以在写作的课堂上指出学生应用英语的错误，并让学生正确地运用语言，以此来训练学生的英语思维能力。例如，让学生对"有一半的学生都觉得努力学习是重要的。"翻译这句话，学生很容易将其写成 "There are half of the students think study hard important." 简单地使用了英汉直译，没有注重英语中的语言规则，这个句子的正确写法应为 "Half of the students think it is important to study hard." 利用这种方式，能够帮助学生找到自己英语表达习惯上的错误，鼓励学生多发现并改正自己的不足，从实际出发，不断训练学生的英语思维能力。

总体而言，写作是英语教学的重点和难点，学生的英语写作能力能够直观反映其英语核心素养。为了切实提高学生的英语水平，提高学生的英语思维能力，需要教师在英语写作的课堂中从学生的实际出发，以思维训练作为提高学生英语写作水平的基本方式，真正提升学生的英语核心素养。

# 第三节　高中英语读写结合教学对思维能力的影响

## 一、读写结合教学对学生逻辑思维能力的影响

"读"是学习英语的关键，"读"能够培养学生的语感。在读写结合教学过程中，学生进行有目的的"读"，带着问题或疑惑来理解文本，认知并记忆相关内容，这种"读"的模式会对后面的写作起到立竿见影的成效。例如，在"In Search of the Amber Room"的阅读时，提出读后要模仿文本中琥珀屋的篇章结构和描述性句子，来介绍所在学校的历史文化建筑物。因为仿写的要求，学生在读的过程中就会特别收集关于建筑物描写的框架以及相关词汇、句型和句式结构，在写的环节融入了读的内容，促进了相关单词、短语、固定句型等的记忆。"另外，长期读写结合训练促进英语知识点积累，阅读中带来的语感会让学生自然而然地用英语思维来表达观点，具备一定逻辑思维素养"①。

## 二、读写结合教学对学生批判思维能力的影响

读写结合教学模式让思维、语言、语境、言语动机、思想情感等要素共同在读和写中发挥作用。在读写的过程中，学生不仅积累了更多的词汇、短语和固定表达技巧，还体验到跨文化差异，理解不同文化内涵，对人或事持有了自己的判断。当这些跨文化知识和世界观、人生观、价值观积累到一定程度时，学生就具备一定认知能力，能用客观的态度去评判，用所学的语言去表达个人情感观点，从而进一步培养批判性思维能力，提高人文素养。

## 三、读写结合教学对学生创新性思维能力的影响

读写结合教学模式中那些符合学生认知水平、生活经历、兴趣爱好的写作任务，可以让他们重新理解阅读文章，激发他们的想象力，发展创新性思维能力。

---

① 吴国艳.高中英语读写结合教学对思维能力的影响[J].考试周刊，2017（30）：127.

读后续写就是有效的教学方式，过程涉及分析材料，评价、综合所有情节，充分运用发散性思维，能创造性地补全阅读材料，充分培养学生的高层次认知能力与批判性思维能力。

# 3

# 高中英语读写结合教学模式分析

随着我国素质教育的不断深入，教学改革也得到了系统性的深化，为了更好地提高高中学生的英语成绩，并在新课标背景下促进学生英语核心素养的发展，就要对教学模式进行适当的优化和改进，将思维型读写结合模式逐渐融入英语教学中，有效提高学生的英语学习水平，提高教师的英语教学水平，同时，对促进学科的发展也具有积极的作用。基于此，本章主要围绕高中英语读写结合教学的模式与策略、高中英语思维型读写结合的课堂教学、高中英语读写结合教学中思维导图运用三个方面展开论述。

# 第一节　高中英语读写结合教学的模式与策略

## 一、高中英语读写结合教学模式的重要性

### （一）英语读写结合教学模式的必要性

1.通过"阅读"的输入，搭建"写作"的基础

在学生心目中，由于"不会写"进而"怕写"，写作的畏难情绪愈发强烈，让学生无法爱上写作。同时，写作能力的培养不是通过模仿几篇范文就能达成的，需要通过大量的阅读积累，为写作奠定坚实的基础。

2.通过读写结合培养学生写的习惯

很多学生平时缺少写的习惯，他们觉得"写"是考试要求，是一种负担。而教师对于写作的教学和评价方法，也让学生无法体验到"写"的快乐。在课堂教学中进行写作训练时，要让学生明白，写作是理想、情感的表达与交流。所以，通过阅读来激发学生表达自己想法的意愿，而后落到笔头，这种常态化的写作训练方式应与日常的教学相结合，让学生养成写的习惯。

### （二）英语读写结合教学模式的可能性

很多教师和学生对读写结合的态度是比较积极的，这也为读写结合教学的开展和实施提供了可能。部分学生希望得到教师在写作上的帮助，也愿意通过阅读来辅助自己的写作，并且部分学生会将课文中所学的词汇、句型运用到写作中。这说明，学生会通过读来帮助自己写，且觉得这样是对自己有所帮助的，所以，他们也愿意用"读"来辅助自己"写"。部分教师在平时的写作教学中有读写结合教学的意识，并尝试运用了这样的方式教学。在日常教学中，读写结合教学对写作教学是有帮助的。

## 二、高中英语读写结合教学模式存在的问题

### （一）学生基础知识薄弱，读写能力不强

在高中英语教学的过程中，最重要的两个难点就是阅读和写作，两者相辅相成，提高学生的阅读能力就可以提高学生的写作质量。但是，根据目前情况来看，大部分高中生在学习英语过程中，其英语阅读与写作水平都比较低，对整体的英语水平造成了严重的影响，极大地降低英语教学的质量。导致这种现象的主要原因就是，学生的课外阅读量比较少，在阅读的过程中无法将文章的语法和知识分析出来，在阅读的时候也只是为了阅读而阅读，无法在阅读的过程中对相关的英语知识进行合理化的梳理和应用，也无法提高写作水平。除此之外，学生英语词汇量匮乏，无法掌握更多的语言知识，缺乏英语写作中的素材，即使学生有思路也无法用单词和语言表达出来。

### （二）教师重语言输入，轻语言输出

在实际教学的过程中，阅读和写作是非常重要的两个部分。在阅读的过程中，学生可以对核心内容进行领悟，并在写作的过程中进行有效输出，这也是语言输入的一种表现形式。通过对目前的教学情况分析得知，教师在教学的过程中出现了重阅读、轻写作的现象，而且非常普遍。大部分教师在开展写作教学时并没有为学生讲解如何进行写作，怎样进行写作，而是利用教学的时间和课堂对语法知识进行讲解，这样，极大地忽视了学生语言表达的能力，降低了学生的英语写作质量和水平。长此以往，会对学生今后的发展造成严重的影响。除此之外，在教学中，有部分教师对学生的写作提出了针对性的意见，让学生按照教学大纲进行学习，并完成相关的学习任务，但缺乏写作训练，这样一来，学生就会忽视自身的主观能动性，无法提高学生的写作能力。

## 三、高中英语读写结合教学模式的具体方法

### （一）任务教学法

任务教学法是近年来比较受推崇的写作教学法，指的是，在课堂教学中通过学生和教师共同完成某些任务，使二语学习者自然地学习、习得语言，扩展交际语体系和促进外语学习的进步。任务教学法以前苏联心理语言学家维果茨基及其

追随者关于语言和学习的理论为基础，强调学习的社会性和教师、同伴对促进个人学习所起的重要作用。文化知识的获得先是人们相互作用的结果，然后变为自己的知识，其理论体现了认知和语言的发展顺序，强调学习的社会性和人们的相互作用。他的这种将心理、社会和语言相结合的理论，为任务教学法提供了理论基础，并对语言教学有着重要启示，即个体是在社会交往、相互作用中发现、学习、掌握和运用知识的。

## （二）过程教学法

过程教学法不仅看重写作的结果，还看重整个写作过程。这种教学法的理论基础是认知理论和交际理论。认知理论将写作过程视为一种复杂的心理认知过程和语言交际过程。交际理论认为，写作过程实质上是一种群体间的交际活动，而不是写作者的单独行为。所以，依据这种教学方法，教师在写作过程中只是起到辅助作用。教学活动的目标是关注整个写作的过程。教师不再只是关注语言的正确性，而是帮助学生制订计划、寻找素材、撰写草稿、编辑修改，通过这样的过程性写作来培养学生的写作能力。过程性写作一般采用较多的是 Tribble 的四阶段教学模式，即写前准备、写作阶段、修改阶段和编辑（润色）阶段。

过程教学法关注了写作构思编辑的环节，更注重对学生写作技巧的培养。教学活动也以学生为本，调动了学生的积极性，发挥了学生的创造性，注重了生生、师生间的交流。但是，过度地关注过程也会导致学生写作语言知识输入的不足和对文章体裁的忽视。另外，过程写作需要大量的时间，而英语课堂教学时间有限，教师没有足够的时间给学生反复构思修改，也没有太多时间来对学生的每篇作文进行一稿、二稿的修改及指导。

## （三）体裁教学法

由于任务教学法和过程写作法的不全面，在 20 世纪 80 年代，建立在语篇体裁分析基础上的体裁教学法开始盛行。这种教学方式的作用有：一是可以帮助学生掌握不同体裁的语篇所具有的不同交际目的和篇章结构；二是帮助学生认识语篇不只是一种语言建构，也是一种社会的意义建构；三是可以指引学生既掌握语篇的图式结构，又了解语篇的建构过程，从而帮助学生理解并撰写属于某一体裁的语篇。

## （四）内容教学法

内容教学法出现在 20 世纪 80 年代中期，以奥苏泊尔的"认知同化论"为理论基础，依托课程内容进行外语教学，强调在语言教学中应该充分利用并通过语言所承载的内容来教授语言知识，要求语言学习与内容学习互相结合，内容与语言不分家。同时，内容教学法是特定内容与语言教学目标的融合，是理论学科内容与二语技能共存的教学。二语习得理论突出语言习得需要依靠可理解的、有意义的输入。二语学习者应把注意力集中在语言的意义上面，并不只是语言的形式上面。在第二语言课堂上，教学重点应专注于意义，而非语言形式。采用内容型教学法多把语言看成一个载体，通过这个载体来习得课程内容，而不是把目的语看成是学习的直接目标，它强调提高学科知识与语言能力两方面的学习。通过内容教学法，学生在以语言为工具获得知识的同时，还可以提高语言技能。

内容教学法主张学生的自主性和创造性；写作教学既重视学生原有认知结构的作用，又重视写作材料本身的内在逻辑关系。但是，该教学法对目标语掌握欠佳，旧知识结构不太完善，对写作前准备不充分的学生效果不明显。

## （五）结果教学法

结果教学法又称为"成果教学法"，出现在 20 世纪 60 年代之前，是我国在很长一段时间内采用的主要写作教学方法。这种理论以行为主义理论为基础，认为教学的过程就是教师给予刺激，学生做出反应的过程。因此，采用这种教学方法的课堂往往是以教师为中心，教师控制整个教学过程，学生被动接受。结果，教学法的重点是在最终的写作成品上，认为写作与语言知识有关。教师主要强调的是语言的正确性、文章的结构和质量，因此，教师在教学中主要关注词汇、句法和衔接手段的正确使用。

结果教学法的教学模式一般分为四个步骤：首先，教师选取一篇结构和形式比较完美的范文进行分析讲解，重点是文章的修辞和结构；其次，就某些句式进行训练，指导学生写段落；再次，教师给出一个相似的题目，让学生模仿范文，写一篇近似完美的文章；最后，教师进行批改，让学生订正。评判文章的主要依据是文章的修辞手法及语言使用是否正确。"结果教学法虽然强调了写作中的语言知识，从仿写出发，操作简单，容易让学生有成就感，也提高了应试写作水平。但是，整个过程都在教师的控制中，忽视了学生已有的知识水平，也没有重视写前构思等写作技巧，缺少创造空间，不利于学生写作能力的培养。"①

## （六）写长法

写长法的核心是建构主义。写长法的基本思路是从增强学生自信心着手，设计适当的写作任务，促使学生在表达真情实感的过程中慢慢增加写作量和习作的字数，以提高运用英语写作的能力。写长法主张通过打开学习者的情感通道，促进英语学习，认为英语语言技能是学出来的，而不是教出来的。写长的目的是帮助学生加快知识向层面的转化。通过写长的练习，可以帮助学生开阔思路、挖掘潜力。

## 四、高中英语读写结合教学模式的运用策略

### （一）注重培养学生的阅读能力，逐渐积累知识

阅读能力的提高不是短暂的训练就可以，长期的坚持可以让学生进行量的积累，最后达到质的飞跃。英语阅读在高中学生的考查中占有较大比例，教师需要更加注重对学生阅读能力的培养。对于读写教育，教师可以结合两者，通过实际的阅读训练来引导学生进行单词和句式的积累，帮助学生积累写作素材。

例如，教师可以给学生提供更多的阅读的机会和空间，提供一些好的书籍进行自主阅读，并在规定的时间内将阅读后的感受及学到的知识进行交流。教师能够在学生的回答中明白，学生是否真正明白文章的内容，能够及时发现学生阅读过程中的问题，并进行及时沟通。让学生准备一个积累笔记本，记录自己在阅读中遇到的生词和觉得有意义的句式，通过阅读与记录来加深学生的理解，将读写有效结合在一起，逐步提高学生的英语应用能力。

读写结合是现代高中教学的热点之一，有效培养并全面提高学生的英语能力，在阅读中逐渐培养学生的英语语感和英语思维。同时，笔头记录与阅读的结合能够提高学生的阅读专注度，潜移默化地影响学生的学习习惯，将记录作为一种学习方式，逐渐积累知识和词汇，更好地实现读写一体化。

---

① 云雅峰.高中英语读写结合视阈下的有效教学[M].长春：吉林人民出版社，2019：149.

## （二）借助辩论主题，提高英语实际运用能力

对高中英语教学而言，教师需要将课堂变得生动、形象，更好地带动学生参与到实践学习中，逐渐建立英语自信和英语兴趣。辩论赛可以让学生对知识进行实践应用，提高学生的思考能力与语言转换表达能力。

例如，教师可以根据授课内容和学生的状态进行及时调整，将辩论赛引入课堂，通过提出一个具有一定争议的主题来让学生思考与讨论，自行加入属于自己观点的组织，并进行思考，在激烈的争论中可以带动课堂氛围，促进学生积极参与到比赛环境中进行英语实际应用。辩论赛能够改变传统的教学方式，以一种趣味的游戏方式来对学生进行读写教学，吸引学生的注意力，提高学生的参与度。

## （三）借助课本教学内容，锻炼学生的读写能力

教师需要在日常的课本教学过程中对学生进行针对性的培养与训练，引导学生逐渐产生英语读写意识。采用一些趣味的教学环节来提高学生学习注意力，激发学习英语的兴趣与热情，培养学生英语学习思维和习惯。例如，在对"First Aid"进行教学时，教师可以组织学生进行课文朗读，然后根据自己的理解划分文章线索，借助思维导图将关键内容提取出来，将这些内容以图形的形式记录在纸上。这样，学生能够清晰看到自己的思考过程，能明白课本中所表达的真实含义。读写有效结合更能提高学生的学习兴趣。思维导图教学可以带动学生参与的积极性，能给学生提供一个自主学习的机会，根据读写结合的方式拓展学生的学习能力，在记录中加深学生的理解思路，提高英语阅读的理解能力。

## （四）将读写赋予趣味化，提高课堂有效性

读写教育是教师在进行教学时常用的方式之一，能够增强课堂的活力，激发学生学习的兴趣。英语教学不能只限于课本的内容，而是应该将知识展开，通过固有的知识进行不同能力的拓展，逐渐完成全面教学任务。

例如，教师在对英语课文"Poems"进行教学时，可以借助趣味的教学方式，将中国诗词与英语教学相结合。教师提问诗句让学生进行翻译，并将翻译的内容写在纸上，之后进行答案的解读，这样会发现很多有趣的现象能够活跃课堂氛围。同时，各种各样的诗歌英语翻译可以促进学生进行知识交流，将读写相

结合，锻炼了学生的听力、口语表达能力和书写能力，更好地适应现代化教学需求。

综上所述，对于高中阶段的英语教学而言，想要提高学生的英语成绩与能力，教师需要采取趣味性的方式来激发学生的学习兴趣，帮助学生融入英语的学习氛围中。通过日常教学来引导学生锻炼听说读写能力，进行辩论赛模式的英语教学能够改变传统教学模式，给学生一种全新的学习体验，将英语读写与口语能力进行实际的训练，提高学生的参与程度，赋予课堂生机和趣味。有效提问与互动能够促进学生英语的实际运用，锻炼反应速度。思维导图的结合能够使学生将文章脉络梳理清楚，快速把握住文章的重点，更好地理解。读写在英语教学中占有较大比例，教师需要重视对学生能力的培养。上述方式在实践中都取得了较好效果，有效提高了学生的能力与成绩，适合全面推广。

## 五、高中英语读写结合教学模式的实施要点

### （一）寻找出读写内容的关联性

根据目前情况来看，在开展英语教学的过程中，为了可以更好地提高学生的英语成绩、学习水平和能力，就要让学生在阅读的过程中对核心内容进行领悟，并在写作的过程中进行有效的输出，这就需要在整个过程中寻找出两者之间所存在的关联性，使读写结合的教学模式可以在教学中充分发挥自身的价值，更好地提高学生的英语成绩。在寻找读写内容关联性的同时，教师要通过采用多样化的方式来不断提高教师自身的剖析教学的能力。在寻找阅读与写作之间关联点的同时，可以对这种关联性进行合理化的应用，将读写教学模式进行有效的结合，更好地开展英语教学。

### （二）进行策略性的读写教学活动

在开展英语教学的过程中，要适当开展有关英语写作方面的教学活动，唯有这样，才可以更好地提高学生的英语综合能力，提高学生的写作能力，确保英语作文的质量，有效提升思维型读写结合模式的应用效果。为了更好地达到这个教学目的，教师在开展英语教学的过程中，要适当地对阅读的材料和写作的内容进行延伸。积极采用应用思维型读写结合模式开展英语教学，充分发挥学生的主观

能动性和主体地位优势，可以激发学生自身对英语写作的热情。总而言之，在新形势的教学模式下，要想更好地提高学生的英语成绩，就要在开展教学的过程中进行策略性的读写教学活动。

# 第二节　高中英语思维型读写结合的课堂教学

21世纪是信息时代创新型社会，对教育改革和课程标准提出了明确的持续发展战略要求，在一定程度上也对教师的教学水平和学生的学习能力提出了更高的要求。在高中英语的教学中，阅读与写作是非常重要的两个部分，两者相辅相成。阅读是语言输入的主要渠道，写作是语言输出的渠道。因此，在教学中，教师不可以忽视任何一个方面，要将其有效地结合起来，并在教学中进行合理化应用，充分调动学生学习的积极性和主动性，不断提高学生的学习水平。思维型读写结合在高中英语课堂教学中的应用对策具体如下：

## 一、关注读写活动教学反思

传统的英语模式都以教师为主体，由教师为学生设计题目，学生根据题目开展习作，再由教师批改和讲评学生的题目，学生只有在完成初稿后才能得到教师的点评和反馈的意见。在这种情况下，学生就无法及时得到教师的评价和指导，不利于提高学生的学习效果。因此，在新课标改革的背景下开展英语读写教学，教师要加强写作前和写作后学生与教师之间的合作与互动，将参与式互动教学法贯穿在英语读写教学中。"参与式互动"学习法属于一种新型的合作学习方式，主要强调为了达成共同目标，可以在小组中开展各种学习活动。

在教学过程中学生是课堂的主体，要提高学生的参与积极性，在教学中学生之间、师生之间都可以互相联动、互相促进、共同进步，使不同层次的学生都能有所收获，更好地发挥英语读写结合的教学作用。在教学中，教师要仔细观察每个学生的反应，对教学情况进行及时调整和总结，不断提高学生的认知能力和语言表达能力。在活动结束时，教师可以鼓励学生对自己的任务进行评价和反思。

例如，在阅读的过程中，积累了哪些写作的素材；在实际应用的过程中又是以怎样的形式运用的；阅读和写作两者之间有着怎样的联系；自己在写作时又遇到了怎样的问题，是如何将其解决和处理的。之后让学生加强反思，可以对做的题、写作的内容进行思考和总结，加强学生之间相互探讨。最后，教师总结，鼓励学生在课堂上发言，发挥学生的主体作用，并提出有效的教学方法，以此来更好地提高学生的英语水平，激发学生对学习英语课程的兴趣。

## 二、制定准确的读写结合目标

读写结合模式主要的关键点就在于，采用多样化的教学模式，通过阅读来提高学生的写作能力。在对阅读教学进行设计的过程中，一定要将写作活动作为铺垫，两者之间要保持良好的一致性。在对读写活动进行设计的过程中，教师对输入的目标和输出的目标给予一定重视和关注，使阅读活动的效果更加理想，可以更好地促进写作教学发展，提高学生的写作能力。例如，在讲解 *Friendship* 一课程时，教师可以将读写活动的目标进行设定，引导学生对熟悉的部分进行阅读，了解文章的写作方式和特色，将阅读与写作进行有效结合，来更好地完成教师设定的写作目标，引导学生如何更好地运用英语散文的写作手法，以此来不断提高学生对英语语法的应用能力；最后，引导学生理解文章的核心内容，加强学生对写作的认识，可以掌握重点句式并在写作的过程中灵活运用，能够提升学生的学习效果。

## 三、设计读写结合活动的话题

在传统的英语教学中，教师在特定的时间、特定的地点进行教学，学生只能够在课堂上接受教师系统的教学，这种教学模式严重限制了学生英语学习的范围。另外，教师在课堂有限的时间内很难将所有知识很透彻地传授给学生，无法提高学生的学习水平。因此，教师在选择阅读素材时，注意文本结构、内容、语言风格等因素的一致。如果学生已经具备一定的词汇量，掌握了一些文体结构，那么，在写作时就可以提高自身的语言表达能力和知识的应用能力。教师先对阅读部分进行分析，根据分析结果对写作的话题进行合理化设计。写作之前，让学生以小组讨论的模式对写作的主题、素材与文体进行探讨。如写音乐的历史演变、音乐家等，学生可以选择议论文的形式，讨论流行的音乐、经典音乐中的内涵，选择好自己所写的观点之后，搜索所需要的素材并加以论证；也可以以记叙文的形式来记叙音乐给生活所带来的欢乐和改变。据分析可知，只有读写素材的话题保持一致才可以使相关知识准确地输入与输出，可以加深学生对英语词汇和语法的认识和理解，进而提高学生的写作能力和水平。

综上所述，"加强高中英语教学中对思维型读写结合模式的应用，是一种必然的发展趋势。在实际的教学环节中，教师要根据实际的教学情况进行科学、合理的读写运用，从而提高教学质量。"① 随着我国经济全球化发展，社会对学生的要求也越来越高。英语作为国际通用语言，学生必须熟练地掌握。所以，教师要创新教学模式，优化教学方法，对思维型读写结合模式进行合理化的应用，让学生可以学好英语，提高写作能力和阅读能力。

# 第三节　高中英语读写结合教学中思维导图运用

## 一、高中英语读写结合教学中思维导图的理论认知

思维导图是由主题、节点、连线、图像和色彩构成，从多维度来表达、反映、修饰和组织相关领域知识的网络结构图。思维导图是由托尼·巴赞提出的。思维导图又叫作心智图，是一种符合人类大脑认知方式和思维特点的思维工具。

思维导图是一种用文字、图像、色彩、线条等多种形式，来呈现和组织与某一主题相关的内容体系。它展现的是人脑思维的过程，建构的是知识的结构，形成的是知识的整体框架图。

### （一）思维导图的一般原则

1. 体现层级关系

虽然思维导图与大脑的发散性思维相符合，但并不是没有原则地涂画。思维导图的绘制要体现层级关系，中心词在正中间，以中心词向外发散出几个较为

---

① 许蓉.思维型读写结合在高中英语教学中的应用[J].考试周刊，2019（82）：104.

突出的中心主题，一般是四个大的分支，这四个大的分支代表四大并列关系的主题，之后的主题词再由这几大分支向外分散。思维导图使用的目的是使思维可视化、清晰化，因此，绘制导图一定要体现层级性。

2.图形的使用

思维导图的高效性体现在它能够调动左右脑协同工作，鲜艳的色彩和图形能够有效地调动右脑，激发右脑工作，如果能够用简单的图形来表示文字也更加高效、简洁。思维导图并不排斥文字，但应尽量减少文字的数量，尽量以图形代替文字，这样可以使思维导图看起来更加整洁，也符合其调动右脑工作的特点。

3.色彩丰富

思维导图的绘制要注意用丰富的色彩来表现，鲜明、多样的色彩符合思维导图调动右脑工作的功能。

4.清晰、明了

思维导图是大脑思考的写照，但并不意味着思维导图的绘制可以随心，要保证构图的完整性和规整性，这样才能发挥思维导图整理思路、拓展思路的作用。

## （二）思维导图的基本特性

思维导图有一个中心词，通过中心词向外发散思维，并将思维过程中想到的相关主题记下，并用线条将各级主题与中心词相连接，通过这种层级图的形式将这些相关主题与中心词之间的相互隶属关系表现出来。此外，思维导图注重图文并茂，相关的主题可以通过色彩鲜明的简笔画来表示。因此，思维导图具有以下特性：

1.发散性

思维导图一开始被托尼·巴赞用来记录笔记，改变了以往线性记笔记的低效。思维导图就是大脑思考的真实写照，通过中心词向外发散绘制导图，体现了思维导图的发散性。

2.层级性

思维导图中的各级主题是由中心主题向外延伸拓展而来，通过线条将各级主题与中心词相连接，体现了层级性。

（三）思维导图的理论支撑

1.建构主义理论

建构主义理论最早是由皮亚杰提出的。建构主义理论认为，人的学习是在不断地进行知识的同化与顺应，其中，学生的学习是建立在已有知识的基础上的，不断将新的知识纳入原有的知识结构中。思维导图作为一种思维工具能够很好地实现建构主义理论的要求，可以将已有知识进行整理，使思路更加清晰，更有利于新知识的掌握，并且将新旧知识更好地融合。

（1）建构主义学习观

建构主义学习观强调学生的自主学习。建构主义认为，学习是个体不断地将新知识与原有知识联系建构起新的认知结构。思维导图以图形和线条为主，以层级关系来表现思维，可以充分调动大脑中已有的知识结构，并将其表现出来，实现思维和知识的可视化，使得学习新知识的时候旧知识更加清晰、明朗，更利于将新知识纳入原有知识结构。

（2）建构主义教学观

建构主义的理论所强调的观点被广泛地应用于教学之中，较为成熟的教学方法有支架式教学和抛锚式教学。其中，支架式教学可以为学习者理解知识提供一种概念框架。抛锚式教学主张学生要到实践中去学习知识，而不是接受经验性的知识的传授。建构主义教学观所提倡的情景教学，并不是传统意义上的情景教学。传统意义上的情景教学指学生获得情景的方式只是教师的口头叙述，这并不利于学生进行有意义的建构知识，建构主义所强调的是到真实的环境中去学习。建构主义教学观强调以下方面：

第一，学生是教学活动中的主体。建构主义教学观强调学生能动地将课堂所学内容同化为自己的知识，这样使得学生所学到的知识不再是死板的，而是将新旧知识不断地整合建构，完善自己原有知识框架的过程，这样的知识是新旧知识的有机整合，形成完整的知识网络，学生掌握得更扎实。

第二，教师是教学的启发者、指导者。在传统教学中，学生不是主动学习，而是被动接受知识。建构主义教学观则强调教师可以向学生提供学习资料，学生自主学习，教师是学习的启发者、引领者。

第三，合作学习，这是建构主义教学观倡导的学习方式。教师引导学生进行合作探讨式的学习。学生在合作学习中分享学习资料，共同解决问题，最终实现有意义学习。

第四，实现有意义学习，这是建构主义教学观的最终目标。在学生主动构建知识的过程中，实现真正有意义的学习。学生通过自主学习积极地构建起新知识的认知结构，完成新旧知识的整合，这些才是建构主义教学观的最终目标。

2. 图式理论

"图式"一词最早是由康德提出的，20世纪初，瑞士教育学家皮亚杰在研究儿童认知发展过程中，将图式理论引入了心理学，并将这一理论发展。图式理论认为，图式是人在不断成熟中通过主体与环境的相互作用中形成的，并且，图式依赖于这种相互作用。图式不是一成不变的，是通过与外界不断地相互作用中完善和构建的。因此，图式就是人们把经验和信息加工组织成某种常规性的认知结构，可以长期地储存于记忆之中。

（1）图式理论与阅读的内在关系

图式理论认为，人的知识以图式的形式贮存在长时记忆中，并形成一个巨大的、立体的图式网络系统。人们在处理问题的过程中需要不断地激发头脑中的图式，根据图式来分析外界遇到的问题，处理和加工从外界获取的信息。根据图式理论的观点，阅读理解的过程就是调动已有图式理解和解决新的问题，并丰富原有图式的过程。认知语言学认为图式是认知的框架，它使信息和知识能够规范和有条理地储存在大脑中，调动原有的图式对阅读顺利进行有着很重要的作用。可以说，读者大脑中对阅读文章主题内容的图式的丰富程度和读者对这个主题知识掌握和理解的合理程度，对阅读理解起着至关重要的作用。阅读理解是一种极为复杂的动态心理学活动和信息处理过程。根据图式理论得出，阅读理解先是输入一定的信息，然后在记忆中寻找能够说明这些信息的图式，最后利用大脑中的图式来理解信息。一旦读者头脑中相关的图式被激活，就能加速对阅读材料的理解。当读者把大脑中的图式与语言材料所提供的信息联系起来时，就能获得作者所要传递的意义，达到读者与作者互相交流的目的。

有影响的阅读模式有三种：自上而下阅读模式、自下而上阅读模式和由鲁梅哈特提出的交互式阅读模式。自下而上的阅读模式认为，阅读是依次经过语音、词法、句法、语义的加工，最后达到语篇的理解；自上而下的阅读模式强调背景知识的重要性，认为阅读是从整体上感知，根据头脑中已经存在的知识首先进行语义上理解，联系大脑中已有的背景知识不断地对阅读篇章进行猜测并不断推理验证，最后落实到字句的意义上；交互式阅读模式认为，阅读不能仅依靠自上而下模式或自下而上模式，真正的阅读过程中，是这两种模式的交互作用，既有从词法到句法到语义的理解，也有不断调动背景知识进行猜测和理解的过程。图式理论主张阅读的过程就是读者大脑中所具有的背景知识（图式）、读者所拥有的阅读技能与文章所提供的信息之间相互作用的过程。图式理论对英语教学最重要的影响就是教师应该帮助学生激活大脑中原有的图式和建立新的图式，来提高学生的阅读理解能力。

（2）图式理论与写作的内在关系

图式理论强调的是已有背景知识的重要性，在阅读中，这些背景知识对于篇章的理解有着重要的意义。同样在写作过程中，涉及的是语篇的输出，依然需要调动大脑中的已有知识结构，包括文章体裁结构图式。写作过程可以概括成如下过程：确立文章主题→构建文章结构→运用语法知识组织词汇和句子→完成写作。例如，在要求写一篇记叙文时，学生就需要调动大脑中已有的对记叙文的图式，即记叙文六要素：时间、地点、人物、事情的起因、经过和结果，有了这样体裁的图式，文章结构大致被建立。在句子层面，对于二语学习者，尤其是初、高中生还不能熟练地运用第二语言来写作，容易受到母语负迁移的影响，出现中国式英语的错误。这时候，句型的掌握就显得很重要，这些知识可以通过在阅读中积累，存在大脑中，以便写作时充分调动这些句型知识。关于词汇，每个人的大脑中都存储着一定量的词汇，写作的过程中，涉及激活这些词汇，包括词义、词的用法等知识，这也涉及激活词汇图式。综上所述，写作这一语言输出的过程中，图式理论也能够为其提供理论支撑。因此，可以通过思维导图来优化已有图式结构，并不断地丰富和记录图式，以丰富的色彩激活图式，这样不仅发散了思维，还使大脑中已有的图式得以丰富。

## 二、高中英语读写结合教学中思维导图的设计依据

因为在读写结合教学中，读是语言的可理解性输入，写是语言的输出。所以，读写结合中的读是为写做铺垫，主要是以词汇、学生思维、语篇结构三个方面的提高为目的。

阅读前，包括利用思维导图进行背景知识调动和词汇拓展活动。这一步骤中

的词汇可以运用到写作中。

阅读中，利用思维导图明确文章的结构和内容，将文章内容缩略到一张导图中，以便于解决文章泛读和精读的问题，提高阅读率。这一步骤中对文章结构的分析可以迁移到写作中。

阅读后，是对文章的整体回顾，巩固已经通过思维导图建立起来的知识结构和内容。

基于思维导图框架下的读写结合教学中，写作的设计要紧扣阅读，达到阅读与写作共享知识的有效迁移。在阅读与写作结合教学中，读写结合的路径有仿写与创写。在阅读与写作之间建立联系的方式上可以通过作者和读者之间的交际关联建立联系，即学生在阅读一篇文章时，会将自己的理解和对文章背景知识的掌握融入阅读中，而阅读本身是作者的创作，因此，读者和作者在一篇文章的构建和解读中都是意义的产生者。英语不同于汉语，汉语是意合的，而英文是形合的，因此在英语写作中，词法、句法、语法规则在英语写作中也尤为重要。

思维导图是以图式理论作为主要支撑的思维工具。读写结合的教学模式以思维导图作为工具，将学生大脑中已有的知识与新知识建立联系，在阅读中积累和扩充的新知识，可以被应用到写作中去，包括词汇方面、句子方面、文章素材等内容图式，也包括文章结构等的形式图式，以阅读和写作的共享知识作为读写结合的纽带。阅读与写作的结合方式包括阅读仿写和阅读创写。阅读与写作的结合的基础包括读者与作者思维路径、背景知识、文化认同等方面，也包括从阅读中学到的语言知识。

## 三、高中英语读写结合教学中思维导图的优势分析

第一，培养学生学习兴趣。与传统教学的方式不同，思维导图需要学生构思绘制，色彩丰富，可以充分调动学生的学习兴趣。在阅读前与写作前的头脑风暴以及阅读写作活动中的小组讨论中，学生可以相互研究并探讨如何绘制思维导图，使得课堂气氛活跃。思维导图是发散的，通过一个节点可以继续向外发散更多的内容。由于思维导图具有很强的个性化，每个学生构建的导图都不一样，学生在课堂上具有很强的自主性和积极性。

第二，促进学生有效学习。思维导图是一种思维工具，通过将大脑中已有的知识通过导图表现出来，并且不断增添新知识，建立新旧知识间的联系，利用

思维导图不同于以往的英语教学，更利于学生的有意义学习，而不是机械地背单词、背句式。在阅读中，思维导图可以使读者与作者的思维达到一定程度的认同，帮助读者理解文章。在写作中，思维导图的运用，可以拓展学生的思维，充分调动关于构建篇章的已有知识，包括关于写作素材的知识，例如词汇和句型、背景知识等，以及关于文章结构、文章体裁的知识。因此，思维导图的运用有利于学生学习更有成效。

第三，提高学生的思维能力。思维导图说到底是一种思维工具。思维导图符合人类思维的方式，并且是一种发散性思维，因此通过思维导图的使用可以提高学生的发散性思维能力。而在英语阅读与写作中，需要这种发散性思维，尤其是在阅读中的背景知识调动中，发散性思维帮助学生找到与文章相关的知识，促进自上而下的阅读。在写作中，思维显得更加重要，好的思维、清晰的思路是构建文章的前提，思维导图可以帮助学生养成良好的思维习惯，培养学生的发散性思维。

第四，以读促写的提高。克拉申的输入假说认为，学生在学习语言的过程中，应该提供可理解性输入，即高于其原有水平的、可接受的知识。克拉申强调输入对于语言学习的重要性，有效的输入有助于语言的进一步学习和语言技能的增长。教师在选取学习的内容中，不要过于难或过于简单，尽可能多地提供可理解性输入，为学生的进一步学习做准备，包括从阅读到写作的过渡。思维导图可以将大脑中已有的知识加以整理和具体化，再将新知识纳入导图，提供了可理解性输入，因为新知识是被纳入原有知识中。思维导图应用到英语读写结合教学中，通过阅读与写作共享知识的构建与运用，能够帮助学生解决阅读中遇到的问题，并在写作活动中，受到阅读活动的正迁移作用，最终促进写作能力的提高。

第五，提高知识记忆效率。思维导图被广泛使用的原因除了它能够直观地反映人的思维，整理思路，还因为思维导图是一个记忆工具。思维导图将各种信息直观地反映在图中，因此，更加有利于学生记忆。传统的记忆是学生将所学知识与以往的知识孤立起来，导致学到的知识很容易遗忘，也不扎实。思维导图，将所有相关知识都容纳在一个图中，还可以不断添加新的信息和内容，所以提高了学习效率和记忆力。

第六，个性化的教学符合以学生为中心的教学理念。思维导图具有很强的个人特色，有利于学生写出具有创新性的文章。另外，在小组讨论等活动中，学生充分发挥自己的想象力，积极、主动地交流与构建思维导图解决问题，这符合教学以学生为中心的教学理念。正因为思维导图极具个性化，教师还应注意对学生的思维导图进行评价与指导，应该让学生进行自我评价与相互评价，以提高英语读写技能。

## 四、高中英语读写结合教学中思维导图的模式建构

读写结合教学符合全语言教学观的整体化课程观和生成读写理论。全语言教学是以古德曼为首的语言教育家发起的教育改革。全语言教育是一种视儿童语言发展和语言学习为整体的思维方式。全语言教学是将几门互相结合的学科作为基础。与建构主义学习观一样，全语言教学观也将学生视为教学的中心。学生学习到的语言应该是一个整体，而不是把语言知识分割成词、句等片段，而阅读与写作作为两项重要的英语技能，本来就不应该是分割的，语言的输入与输出也应该是整合的、连贯的。在阅读过程中，作者与读者可以通过语言来交换信息交流思想的过程，这是一个互动的心理过程。读者在解读文章的时候，试图用自己已有的背景知识和亲身经历对作者的想法、观点进行推测和理解，也会对文章的主题和事情发展的走向进行推理、验证等一系列过程，这就是阅读理解的过程。换言之，只有作者和读者的背景知识，能够达到一定程度的统一，也可以理解为共享知识，阅读的成功才能得以实现。阅读是一个复杂的心理过程，阅读过程中不仅涉及读者的语言知识，读者对与主题相关的背景知识的掌握多少和对作者写作的认同和认识也同样重要。

教学模式是将一定的教育思想体现在具体的教学过程中的一种方式，教学模式为教学提供框架，具有指导作用。教学模式是联结教学理论与教学实践的桥梁。针对高中英语教学现状，本书使用思维导图作为理论框架，构建一种读写结合的教学模式，以提高高中英语读写结合教学的效率。本书从四个要素入手构建教学模式，即教学目标、教学过程、教学活动和教学评价。

### （一）教学目标

教学目标是教学活动能够达到怎样的目的的一种表述。基于思维导图的读写结合教学模式设计教学目标，应遵循中华人民共和国教育部颁布的《基础教育

课程改革纲要（试行）》中提出的"三维教学目标"，即教学目标从三个维度来表述：知识与技能目标、过程与方法目标、情感态度与价值观目标。

1. 知识与技能目标

思维导图框架下的读写结合教学模式。知识与技能应体现思维导图的运用特点。知识包括学科知识、词汇语法知识，还包括与阅读和写作有关的背景知识。这些知识是大脑中原有知识与新知识的整合。运用思维导图可以通过同化和顺应，不断将新知识融入旧的知识网络中。因此，该教学模式的知识目标为通过思维导图的运用，形成包括旧知识在内的新的、完整的知识网络，如完整的词汇网络和语法网络。该教学模式的技能目标包括能够通过运用思维导图来学习新知识，拓展思维能力，能够通过阅读的学习对写作形成正向迁移。

2. 过程与方法目标

新课程标准强调的教学过程中，学生要通过实践在学习的过程中掌握学习方法。思维导图框架下的教学模式过程与方法目标，是让学生掌握如何运用思维导图来拓展自己的思维，将思维导图作为一个思维工具来熟练运用，并且掌握这种学习方法。

3. 情感与态度目标

情感与态度目标即是学生通过学习形成对社会、对人生的积极态度，树立正确的人生观、价值观，培养良好的学习态度，积极面对人生。因为思维导图可以激发学生背景知识，在阅读过程中，对于不同语言的国家的文化背景知识的学习起到人文熏陶的作用，可以让学生了解不同国家的文化、习俗。在运用思维导图的过程中，还可以通过这种方式培养学生的学习兴趣，通过小组活动培养学生合作精神。

## （二）教学过程

因为是读写结合教学，读写结合的交叉点是读写之间的共享知识，这些知识包括读写本身特点决定的共享知识。例如，阅读与写作一个是语篇的输入，一个是语篇的产出，是一个反向过程。还有些共享知识是通过思维导图解读语篇与构建语篇中形成的新知识，包括形式图式和内容图式。例如，阅读中学会的与某一主题相关的单词可以被运用到写作中，阅读中学会的关于这一文体的一般写作框架可以运用到写作中去。该教学模式的教学过程概括为"两个阶段、六个步骤"。

"两个阶段"即分为阅读阶段和写作阶段；"六个步骤"按照阅读前、阅读中、阅读后、写作前、写作中、写作后展开，具体步骤如下：

1. 阅读前

阅读前是阅读的准备阶段，根据图式理论，原有知识对于新的阅读知识的输入有着至关重要的作用。阅读前应该尽量让学生将已有的、关于这一话题的背景知识调动出来。思维导图能够将这些知识按照一定的层级关系进行整理，因为思维导图具有记录性质，能够将想到的知识内容记录下来，避免了内容的遗忘。阅读前的思维导图绘制主要是注重内容图式的体现，即原有知识的调动，主要应用在词汇的扩充和背景知识的激活上。阅读前活动的意义还在于可内化为学生自己的阅读策略，有利于学生形成良好的阅读习惯。利用思维导图的阅读前的词汇准备可分为主题联想、词性联想、一词多义联想等。因此，思维导图的应用不只在于激发学生大脑中的原有图式，也在于丰富学生的原有图式。学生阅读时容易受到熟词生义的困扰，例如，在句子 The critic knocked her latest novel. 中，如果学生认为 knock 只有敲的意思，那么，这句话就翻译不出来，会给学生的理解造成困扰，甚至会对文章产生错误的认识。在这里，knock 翻译成批判，这句话的意思是：那位批评家贬损她最新的那部小说。

2. 阅读中

阅读中是阅读的核心部分，这部分要注重内容图式和形式图式。内容图式是指存在于学生大脑中的背景知识，与这篇阅读内容有关的、能够帮助学生理解文章和与这个阅读主题相关的一切知识，它包括依赖篇章情境的图式和读者已有的背景知识的图式。学生在阅读时经常遇到没有生单词，句子也都可以看懂，就是觉得理解不了，在做题的时候会出现困扰，理解不了文章的意思。原因就是学生头脑中缺乏与这个主题相关的内容图示来帮助自己理解文章。此外，还要帮助学生构建相应文体的形式图式。例如，各种文体的特征、人称等。说明文是一种客观地说明事物、阐明事理的文体，所以，一般采用第三人称，时态多为一般现在时。在写作议论文时要有观点，并提供支持观点的证据，进行议论。因此，这类文体一般是以第一人称为主，作者根据某个现象提出论点，并提供一定的论据来支撑论点，最后得出结论。记叙文要解决人物、时间、地点、事情的起因、经过、结果等问题，对于人称无严格限制。可使用顺叙、倒叙、插叙、补叙述等记叙方式。表达方式有叙述、描写、议论、抒情、说明等。记叙文的特点是形象、具体、生动等。

以思维导图来表示记叙文的文体特征时，是以中心词向外发散，从不同的维度将记叙文的特点完全体现。这不仅便于学生将新学到的、关于记叙文的知识构建到原有知识中，而且用一张图来体现知识更便于学生记忆。除此之外，语篇的连贯衔接等也都是形式图式。这种语篇和结构方面的形式图式的建立，使文章结构更加清晰、明了，易读懂、易理解。这样的形式图式的建立有利于学生组织出合理的、逻辑性强的文章，有利于提高学生说和写等英语表达能力。再如，应用文写作既简单又困难。应用文写作简单在内容较简单，表达起来没有问题，难就难在学生不了解应用文的形式图式，不知道格式要求。思维导图能够将应用文的要求清晰地表现出来，便于学生学习和记忆。

阅读中的内容图式体现在：文章内容及词汇的拓展。运用思维导图拓展词汇不仅可以用于阅读前的词汇背景知识调动，也可以用于阅读中的词汇拓展，可以按照词性、词缀等方式展开，还可以利用思维导图来帮助拓展高级词汇并记忆高级词汇。运用思维导图对文章内容进行整理基于读者对作者建构文章的理解，只有二者在思维和文化背景知识等方面达到一致，才能理解文章的目的。例如，在高中生做阅读题的时候，明明单词、短语都认识，但是做阅读单选题的时候就会选错，是因为思维路径没有跟作者保持一致，没有真正意义上理解作者的写作含义。同时，思维路径的吻合也是有效的读写结合的前提，在有些针对读写结合课所涉及的课堂任务中，有类似于用自己的话重新复述课文，续写文章等，这些任务的前提都是读者与作者思维和理解的一致。

3. 阅读后

阅读后是阅读完成后的巩固和练习阶段，利用思维导图涉及的阅读后活动，以巩固已经建立的图式为主，包括阅读后的复述、续写等指向写作的活动。

4. 写作前

写作前是写作的准备阶段。指向写作的阅读是有目的的阅读，读者对原阅读材料结构内容掌握得越清楚，写作时与原阅读材料相似性越高。所以，指向写作的阅读与写作之间的共享知识即是读写结合的一条重要纽带。写作前的词汇知识调动跟阅读前的词汇知识调动有着同样重要的地位。在访谈中，大多数学生都认为写作时词汇是一大难题，一是词汇量少，二是即使想到词汇也不会使用。因此，写作前是素材积累的过程。在访谈中有很多学生觉得写作文时没有思路，不知道从何入手。因此，写作前利用思维导图开拓文章思路也是很重要的写作前提。有了写作必要的素材和思路，文章的框架结构和语篇衔接也显得尤为重要。

5. 写作中

写作中是写作的重中之重，是文章成型的步骤，是将词汇、句子、写作思路落实为文章的过程。从读者的身份转为作者，阅读时利用思维导图绘制的文章结构可以用在写作中指导写作。阅读中对于各种文体的形式图式的激活和学习，这时也可以用在写作中，也可以通过凸显思维来确定词汇和句型的使用，提高写作各类文体的准确性。

6. 写作后

写作后应注意对文章进行修改、润色及写作评价。

## （三）教学活动

高中英语读写结合教学中思维导图模式的教学活动包括：头脑风暴和小组活动。头脑风暴主要用于思维导图绘制前，思维导图可以充分调动大脑中已有的知识，头脑风暴就是为这一过程做准备的活动。思维导图绘制具有个性化，小组活动可以通过讨论，借鉴别人的思路，拓展自己的思路。此外，该教学模式的读写结合活动设计为阅读创写和阅读仿写。这两种写作都是紧紧围绕阅读内容展开的，都通过阅读与写作之间的共享知识构建语篇。

## （四）教学评价

基于思维导图的读写结合教学模式的教学评价包括教师对学生的评价，学生之间的互评以及学生自我评价等。评价内容应该包括对学生学习态度、学习方法、学习效果等方面的评价。此外，对于思维导图应用结果的成品图按照思维导图评价量表来评价。量表评价法是根据设计的等级评价量表来对被评价者进行评价的方法。思维导图评价量表针对思维导图的特点来制定，量表设计见表 3-1[①]：

---

① 李舒.思维导图框架下的高中英语读写教学模式研究[D].哈尔滨：哈尔滨师范大学，2015：23.

### 表 3-1　思维导图评价量表

| 评价项目 | 基本级（1~5） | 发展级（6~10） | 完成级（11~15） | 示范级（16~20） | 自评 | 互评 |
|---|---|---|---|---|---|---|
| 绘制效果 | 构图整体不够美观和清晰，思路有些混乱，布局不合理 | 构图基本完整，不够清晰、明了，主题分类不够清晰，布局不够合理 | 构图完整，较清晰、明了，主题分类较清晰，布局较合理 | 构图整体美观、清晰，线条位置合理，各级主题布局经过美化很合理 | | |
| 中心主题 | 中心主题不突出，整个导图没有围绕主题展开。没有体现出与主题相关的关键词 | 中心主题不够突出，整个导图基本按照中心主题展开。有些关键词能体现出与主题相关 | 中心主题较突出，导图能够按照中心主题展开。大部分的关键词与主题相关 | 中心主题突出，各级主题严格按照中心主题展开。全面地想到了与主题相关的关键词 | | |
| 层级关系 | 没有层级关系，导图较为混乱 | 体现了层级关系，但层级之间递进不够合理 | 体现了层级关系，层级之间递进较为合理 | 层级关系体现清晰，层级之间递进完全合理、有条理 | | |
| 思维方面 | 思维混乱，没有通过思维导图体现思维的发散性和完整性 | 思维不够清晰，通过思维导图体现了思维的发散性，但不够合理 | 思维较清晰，能够通过思维导图进一步发散思维，思路较为完整 | 思维很清晰，通过思维导图绘制充分发散了思维，具有创新性，并且思路完整 | | |
| 个人风格 | 构图不完整，缺乏色彩和图形，完全没有个人风格 | 构图不够清晰、完整，并且图形和色彩使用很少 | 构图较为清晰、完整，有图形和色彩的使用，但不具备个人风格和创新元素 | 构图清晰、完整，色彩和图形使用丰富，有自己的艺术风格，具有创新元素 | | |

综上所述，思维导图作品评价量表可以对学生绘制的思维导图做一个全面的评价。有效的教学评价不仅是对教学的总结，也是对教学目标、教学过程和教学活动的设计的反馈。

# 4

第四章

# 指向思维品质提升的高中英语读写结合教学的实践研究

高中英语写作教学要重视对学生思维品质的提升，提升思维品质意味着能让学生跳出不良学习习惯影响下形成的低水平思维活动，对提升学生的英语综合素养及终身发展有重要意义。读后续写教学实践的开展，则为学生的思维品质提升创造了良好条件。基于此，本章主要围绕高中英语不同文体的读写结合课堂教学实践、指向思维品质提升的高中英语读写结合的教学策略，以及指向思维品质提升的高中英语读后续写教学实践展开论述。

# 第一节　高中英语不同文体的读写结合课堂教学实践

## 一、高中英语议论文的读写结合课堂教学实践

议论文是高考英语作文频繁出现的一种文体，也是较难把握的一种文章体裁。记叙文的特点是以事感人，而议论文则是以理服人。议论文是通过证明或反驳来论述某个道理，阐明某种观点，表明作者一定的态度、见解、看法或主张的一种文体，所以，议论文的典型三要素是论点、论据和论证。议论文常用总—分—总的文章结构，所用时态主要是一般过去时。本书以最新高考作文题型（Read-write task 读写任务）为起点，以高考常考作文体裁——议论文为典型，议论文体裁读写结合教学方法主要可以分为以下八个步骤：

第一，分析文章论点型标题，就相关主题对文章论述内容预测。

第二，熟记议论文三要素，即论点、论据和论证，在读文章时要做到心中有数。

第三，快速读完文章，找出文章的三要素，并划分文章总—分—总的结构。让学生明确为了起到一个引领整篇文章及整个段落的作用，议论文的中心句往往位于文章或段落的开头。

第四，根据议论文三要素，分析文章段落结构，培养学生构建语篇的能力。阅读议论文时，首先要让学生明确论点、论据和论证三要素，划分课文中总—分—总的结构，即提出问题（raise a problem）、分析问题（analyze the problem）和解决问题（solve the problem）三大段落，再细分段落层次，掌握段落结构，培养学生构建语篇的能力。

第五，引导学生分析文中的复杂句，为学生理解课文扫除障碍。英语阅读中会时常出现一些难以理解的复杂长句，这些长句也是学生在写作中难以运用的，教师在议论文课文讲解中要注意引导学生分析课文中出现的复杂句，尤其是关注

各种名词性从句、定语从句、状语从句、倒装句、强调句等，并鼓励学生在翻译或造句时准确使用各种从句，让学生在写作中有意识地写长句、复杂句。

第六，关注议论文的段落衔接用词，熟记甚至背诵。写任何体裁的英语作文时，关联词语都是段落衔接的重要用词，也是能帮助学生分析文章脉络和段落层次的重要手段。议论文的关联词衔接作用更为明显，因此，在议论文阅读教学中要非常重视引导学生通过掌握常用的关联词语，来加强对整体文章的理解。

第七，在课文复述的基础上，运用议论文常用句型。议论文的特点是摆事实、讲道理，所以，可以帮助学生学习和掌握各种类型的议论文相对固定的常用句式和模板，在此基础上，通过举例和学生共同探讨高中英语议论文常出现的类型。

第八，对范文进行缩写和续写，重组议论文。随着高考的改革，缩写和续写也已成为高考英语作文的最新测试题型，如现在出现一种最新作文题型：读写任务（Read-write task），具体要求学生先阅读一篇小短文，然后用 30 个词概括短文要点，再用约 120 个词就该主题发表自己的看法，加起来就是一篇 150 个词左右的英语短文。读写任务（Read-write task）要求考生阅读所给材料，掌握有关信息，进而加工信息，按照任务要求谋篇布局，完成指定的写作任务。为了适应最新高考要求，教师要在以上议论文常见格式和句型的分析环节完成之后，让学生根据所学习的句型和句式结构重新加工文本，即缩写文本，帮助学生去掉段落、句子中的修饰词语和与主旨大意关系不大的信息，找到文章的总体框架，分解原材料，萃取、转换，最后重组自己的议论文。

当然，也可以要求学生把正在学习的阅读文本作为范文，参照阅读材料中出现的论点、论据和结论，灵活运用所学的新词语和复合句，在不改变文本主旨大意的前提下，要求学生续写文章内容。无论是缩写，还是续写都为学生写作打下较为牢固的基础，满足高考写作的基本要求。最后，教师收集学生作文进行点评、讲解，并展示写得较好的文章，逐步完善。

综上所述，以议论文为典型进行读写结合训练为其他体裁作文做了一个典范。教师长期坚持读写结合训练，学生写作的文章篇幅变长，用词总数增加，并且有意识地尝试运用高级词汇，作文内容紧扣文章相关主题，句型表达和语言表达更加多样化，汉语式英语表达锐减，文章整体逻辑性增强，文章的层次更加清晰，英语写作能力会有较大幅度提高，为能在以后的高中英语学习中写出更精彩的英语作文奠定基础。

因此，高中英语教师可以大力开展读写结合教学方式，提倡在阅读中学习写作，又在写作中关注阅读，在英语课堂中细致、深层次地进行语篇分析，引导学生划分段落、查找文章关键词、猜测作者写作意图、模仿英语好文章的写作方式等有效的读写结合的方法，潜移默化地培养学生阅读技巧和写作技巧，真正帮助学生更好地提高英语阅读与写作水平。可以说，读写结合的教学方式是提高高中英语课堂教学实效性的好方法，值得在高中英语教学中广泛使用，高效、省时，是高中英语教学好方法。

## 二、高中英语记叙文读写结合课堂教学实践

"读写结合"的教学模式是目前高中阶段英语教学中的主要教学模式，教师通过读与写的联动有效提高了学生的英语学习水平。但是受传统阅读理论的影响，高中阶段英语阅读教学只以阅读材料为载体，引导学生理解其中的语法和词汇知识，写作练习停留在引导学生进行仿写练习，没有调动学生的想象力和创造思维。因此，在高中读写结合教学中存在形式化等问题，亟待教师优化自身的教学观念，主动引入生动的教学形式，完善读写结合教学。

另外，由于记叙文的故事情节跌宕起伏、语言通俗易懂，便于留下学生想象的空间将故事续写下去，是对学生英语综合能力的检验，但是，学生受到自身水平限制，在续写的过程中总是陷入困境。基于此，在英语教学中，教师应注重关注学生发展，合理地运用读写结合的教学模式培养多方位发展的学生，提升学生的英语综合素养，具体策略如下：

### （一）设置多种层面问题，培养学生英语语感

读是基础，是学生"把握短文关键信息和语言特点的能力"[①]。在高中英语阅读教学中不能仅停留在文本信息处理层面，教师应精心研习阅读材料，设置多层次的问题，进而培养学生的阅读能力，以及在阅读中处理文章句与句之间关系的能力和辨别体裁及文章框架等能力，优化学生的阅读水平，强化学生的语感，为学生在深层次理解文章并进行续写奠定基础。读后续写以叙事类阅读材料为主，

---

① 张莲玉.读写结合在高中英语记叙文阅读教学中的应用策略[J].当代家庭教育，2021（22）：177.

将阅读和写作联合起来考查学生的语言运用能力，因此，教师在教学中可以设立迥异的问题启发学生思维，辅助学生掌握文章脉络，随文章的走向形成基本定位，确立续写的方向。在高中英语阅读教学中，教师可以结合教学实际提出不同层面的阅读问题，在引导学生进行深层次的篇章处理过程中，提高学生的阅读水平，为学生读后续写提供基础保障。

　　例如，在阅读"The Underdog"中，老师可以通过搭建问题情境引导学生掌握文章的表达重点，如 A.What kind of player was be on the team？ B.What's the theme of the article？ 等具有层次的问题引导学生了解文章的主体框架，并组织学生结合相应故事进行续写练习。老师在教学中通过问题情境的设立启发学生思维，为学生有逻辑地进行思考提供方向指引，培育学生的自主阅读能力，为写作练习扫清障碍。

## （二）结合阅读语篇分析，提高写作构建能力

　　教师在高中英语教学中开展读写结合的教学模式，不仅需要引导学生结合文章了解英语词汇和语法的运用，还要结合文章的重点，指导学生学习文章结构和技巧等，引导学生在分析文章中汲取文章的构建知识，培养学生在写作中的整体构思能力，发挥读写联动相辅相成的优势。在英语教学中，培养学生的书面表达能力是读后续写教学的重点，教师需要引导学生结合原文的逻辑和线索拓展故事情节。鉴于此，在教学中教师可以引导学生通过列续写大纲，定下续写的基调。在读后续写习作练习中，学生文章的主题和情节构思与前文衔接不当的情况常常发生，究其根本在于阅读中重点把握不清晰。因此，在教学过程中教师可以通过引导学生把握文章的关键句，拓展续写思路，并在阅读教学中训练学生把握文章核心的能力，通过引导学生明确文章的构建培育学生的写作整体观，引导学生通过列提纲明确写作思路，提高学生的写作水平。

　　例如，在老师引导学生学习"Your Life is What You Make it"这篇人物报道中，老师可以引领学生结合清晰的文章结构了解记叙文的行文思路和结构特点，在阅读中收获讲述生活方式的写作方法。在文章学习中，老师可以引导学生从整体上探究文章的结构。例如，结合 Beginning/Development/Climax/Ending 掌握文章的构成，并学习文章的细节处理；或老师指导学生探究文章描述情感变化的词汇，像 exciting，enjoy，satisfied 等由 –ed/–ing 构成的形容词生动地描写事物和情

感。老师在记叙文阅读教学中，引导学生从整体和细节来透彻地分析文章，指导学生自主探究，培养学生在阅读中把握重点的能力，促使在记叙文读后续写中有理可依，明确自身的行文思路。

### （三）利用不同阅读材料，巩固基础知识积累

阅读和写作相辅相成，阅读是写作的基础，需要学生通过写作实践提高阅读能力和语言学习效率。在英语教学中培育学生树立良好的习作能力，需要教师引领学生在大量阅读中获得知识的积累，提升学生的英语综合素养，为学生实现由源语到目的语的自然过渡做铺垫。在教学中实践中，教师可以记住读写结合的形式在阅读教学中适当地进行融入写作练习，引导学生借鉴文章中优秀的词汇和语句运用，强化自身的语言知识储备，并在写作练习中加以运用和输出，提高写作能力。教师可以通过多媒体展示为学生呈现多种阅读材料，引导学生在段落分析中汲取有益成果，丰富写作素材，促使学生在读后续写中灵活运用习得知识，来丰富写作细节，与前文细腻的写作相衔接，提高写作水平。教师通过在阅读教学中扩充的知识积累，为学生模仿创新提供契机，巩固学生的语言基础。

例如，在 "'White Bikes' on The Road" 教学过程中，教师可以引导学生学习文章中的环境、动作、情境等语言描述的特点，为学生在续写中增加文章细节提供借鉴。老师可以引导学生学习文章中连接词的使用方法，为学生在写作中润色文章，如 thank to，nowadays，so that 等，通过连词的运用，强化写作中起伏和明确文章的发展进程。同时，在教学中老师可以通过媒体辅助教学进行知识拓展，引导学生在阅读中积累基础知识，如结合拓展短语 plenty of/more and more 等，以及拓展和总结递进的连接词 moreover/in addition/furthermore 等。老师在阅读教学中，引导学生进行知识积累，不仅可以指导学生结合连词的运用，把握文章的重点，还能够为学生在写作中优化语言的表述奠定基础。

### （四）加强读后续写练习，培育写作表达能力

英语作为一门语言性学科，需要学生在实践运用中学会灵活掌握，因此，在读后续写教学中，教师需要给予学生充分的自主探究空间，引导学生在习作中内化吸收知识，提高书面表达能力和语言学习效率。在英语续写教学中，教师应带领学生明确写作的评分原则，提高学生对自身的要求，锻炼语言表述的连贯性和

词汇运用准确性，保障练习的有效性。在教学中教师可以通过指导语帮助学生理清阅读材料的构架和思路，从宏观角度指引学生，促使学生发挥主观创造性进行写作练习。同时，在写作课堂中，老师可以结合媒体技术的运用为学生提供记叙文读后续写的阅读材料，结合视听、图像等的趣味的呈现形式激发学生参与性，指导学生运用理论知识，通过指导学生合作探究文章的主旨、情节，培育学生的发散性思维，鼓励学生结合线索进行情节搭建，增强续写能力。

例如，在老师引导学生学习"a sea story"中，老师可以要求学生以学习小组的形式整理文章的发展脉络，理解故事的基本要素，促使学生主动、深入理解文本内容。在体会深层阅读乐趣的同时，领会文章的内在思想情感，促使学生结合故事情境展开想象，在读后续写练习中明确续写的方向。如，老师在本篇阅读中适当地为教学留白，通过 Prepare a story about something scary you experienced. 等引发学生思考，并组织学生结合想象进行写作，锻炼学生的读后续写能力。老师在教学中引导学生明确阅读材料的情节、逻辑，可以为学生续写提供思路指引，通过教学留白为学生提供写作练习的空间，有效锻炼学生的读后续写能力。

总而言之，在英语教学中培养学生读后续写的能力，以完善学生英语综合素养为主要教学内容。在英语教学中，教师使用读写结合的教学模式促使学生在阅读中储备基础知识，并结合阅读材料穿插适当的写作练习，培育学生从整体把握记叙文的进程，奠定续写基调，引导学生从细节学习文章表述的优美词句，丰富学生的语言知识积累，实现写作言之有物。读后续写作为高考新题型，需要教师与学生共同进步，结合教学实际探究具备有效性的教学方法，培育学生的读后续写能力。

# 第二节　指向思维品质提升的高中英语读写结合的教学策略

思维品质也被称作智慧品质，可以从质与量两方面理解，包括思维活动的各类特点，如逻辑性、广阔性、灵活性、深刻性等，这些属于对思维品质量（种类、数量）的理解，也包括基于各特点本身的水平高低。例如，评价一个人思维逻辑性强弱，就是对他思维品质的理解。

写作是高中英语教学的重点与难点，无论是读后续写，还是概要写作，都要求学生在充分理解原文的基础上，进行有效的语言输出，即读写结合。在平时英语教学中，教师要运用科学的方法，以读促写、以写带读、读写结合，培养学生缜密的思维品质，使学生的思维具有逻辑性、批判性、创新性。思维品质的发展有助于提高学生分析问题和解决问题的能力，体现英语核心素养的心智特征。指向思维品质培养的高中英语读写结合教学策略具体如下：

第一，转变教学观念，开发教学资源。教师作为传道授业解惑者，要善学、乐学，通过阅读、课题研究、聆听线上和线下讲座等方式，不断丰富自己的教学理论知识，提升自身的学科素养，增强读写结合的教学意识，深入研究英语读写结合教学。在学生写作前，勤写"下水文"；在学生写作过程中，重视写作方法的指导；在学生写作后，采用多元评价方式，及时、合理地评价反馈学生的作品。同时，教师要多渠道开发教学资源，精选贴近学生生活的、学生感兴趣的文本，以培养学生听、说、读、写的能力。

第二，设计关联活动，搭建有效支架。《普通高中英语课程标准（2017 年版2020 年修订）》（以下简称《课标》）明确指出，英语学习活动观是指学生在主题意义引领下，通过学习理解、应用实践、迁移创新等一系列体现综合性、关联性和实践性等特点的英语学习活动，基于已有知识，依托不同类型的语篇，在分析和解决问题的过程中，促进自身语言知识学习、语言技能发展、文化内涵理解、多元思维发展、价值取向判断和学习策略运用。基于学习活动观，教师要以输出为导向，努力创设相关联、有梯度的英语学习活动。同时，在恰当的地方搭建支架，促使学生顺利完成读写任务，提升思维品质。

第三，优化学习策略，培养思维习惯。《课标》倡导教师在英语教学中应重视培养学生的学习策略，有意识地引导学生学习，并尝试使用不同的学习策略，逐步形成适合自己的学习方法。教师要建立以学生为主体的课堂，读写融合，让文本问题化、问题思维化、思维活动化。保护好学生在课堂上的话语权，引导学生养成表达自己观点的习惯。激活思维，珍惜他们的思维成果。对于部分学生天马行空的思维习惯，教师应及时给予指导。

# 第三节　指向思维品质提升的高中英语读后续写的教学实践

教师在运用读后续写开展英文写作教学时，要深刻把握读后续写的精髓，才能更好地发挥并提升学生思维品质的作用，才能对学生的全面发展和终身发展有较大的帮助。

## 一、指向思维品质提升的高中英语读后续写重要性

"读后续写能让学生的阅读状态得以延续，作为将知识输入转化为输出过程的重要枢纽，具有及时性，能让学生从阅读中获得知识、方法、情感、思想、态度等，并迅速转化成自身的知识与能力，能高效提高学生的学习效果，提高学生的阅读理解和写作能力。"[1]

读后续写提供的阅读材料大部分为情节丰富的记叙文，具有很强的可读性和思考空间。该趣味教学形式极大丰富了高中英语写作教学的常规模式，为学生打开了训练写作能力的新世界，学生拥有更加自由的空间，发挥想象力和创造力编写自己感兴趣的内容，让写作氛围更加和谐，也能有效激发学生的创作热情和持久性，培养自主学习能力。

---

① 李小妹.指向思维品质提升的高中英语读后续写教学实践[J].新课程，2021（4）：196.

读后续写教学模式的应用是新课改背景下教师优化教学方式，提高教学方法的有效实践。在开始学习理论和方法阶段到具体实践阶段，再到课后吸收教学反馈阶段，对教师而言都是极好的提高个人素养和教学水平的机会，并且读后续写激发了学生的自主学习热情，释放了教师的教学压力，也方便教师将更多精力放在提高教学效果和发展学生全面素养上，能有效促进高中英语教学改革发展进步。

## 二、指向思维品质提升的高中英语读后续写具体实践

### （一）克服惯性教学习惯带来的影响

在正式的读后续写教学前，教师首先要有意识地为自己和学生立规则：不要受到模式化思维和应试思维的影响，要从写作材料本身出发，以教学目标为导向来分析材料并开展续写活动。在遵守规则的前提下，尽可能避免以往一些不良写作习惯对教学造成的影响。其次在具体教学环节，教师也要从多方面引导学生克服不良写作习惯，例如，拼写错误、标点符号错误、大小写等细节却难以一时纠正的问题，这也将是一个重要且长期的工程。最后在正式的教学环节，需要教师积极向学生传授读后续写的重要学习方法，让该趣味形式吸引学生的注意，并在长期、有效的训练中逐渐替代原本不恰当的写作训练方式，积极引导学生高效掌握该方法，提高写作水平。

### （二）梳理材料的同时要理清思路

读后续写教学最开始的步骤是要对写作材料进行有效阅读。此类写作材料不是以往单纯给出一两句话的简单描述，而是包含了完整开头、一定情节和后续思路的中小篇幅的段落材料。相比传统题干式的作文要求，读后续写蕴含更加丰富的信息，也暗藏更多分析角度。因此，教师要有意识地引导和教会学生从材料结构、内容、情感、词句特点等不同角度，由浅入深进行全面分析。例如，*Festivals and Celebrations* 一课中的 Writting 部分要求学生写自己的节日体验，并提供 My Amazing Naadam Experience 作为参考。教师可借用文章，也可自行搜集其他描述节日经历的故事内容作为写作材料，来进行阅读和分析，在此以本篇文章为例，就如何分析材料和提炼写作思路和中心思想进行阐述。

梳理材料、理清思路就是为了能让学生按照"5w1h"的方法，明白材料中描述的 Who？ When？ Where？ What？ Why？ 分别是：是谁，在什么地点，什么时候，做什么，以及为什么这样做或发现的问题是什么；思考接下来需要续写的"how"，要如何做的过程。首先，要整体把握文章的行文结构和思路；其次，在每部分的内容上，围绕各部分结构和主题进行从表层到深层"现实→个人感受"的体现。

在提炼思路的过程中，学生由于成长经历、语言水平、能力存在个体差异，因此，教师要在开展分层教学的基础上，根据不同层次学生的需求，提供针对性指导，确保每位学生都能借助合适的材料提高写作能力，或者在面对同一材料时，每个人都能从自己的角度获得写作灵感，进入写作状态。

### （三）赏析关键信息从而发展批判性思维

模仿和参考阅读材料的内容容易，但如何发展自己的批判性思维，升华成自己独特的新思考，对思维不够灵活、不够深刻的部分高中生而言是一大难题。教师要有意识地引导学生深刻地分析读后续写阅读材料的关键内容，以启发学生产生新思考为目的来开展教学。例如，在学习 the Value of Money 后，教师要求学生结合本单元中心内容及话剧特点，创作一幕与金钱有关的话剧情景。首先可引导学生分析课文中的关键信息，如，"Roderick：There's money in it.Henry：Oh, no.I don't want your charity.I just want a job that earns an honest income."本次对话中，Henry 明确表达了不想要对方的"施舍"，而是想要一个能够挣到诚实收入的工作。从此句中就能看出一部分诚实的人对待金钱的态度。学生在提炼这一观点后，就可作为自己的续写中心，结合生活实际展开联想，由故事引申到现实，由他人联系到自身，从而进一步了解并掌握金钱的价值，比较并学习中外文化中看待金钱时的不同态度，获得属于自身对金钱在生活中的作用的批判性观点。

### （四）续写故事并做到推陈出新

读后续写的目的是让学生能在较轻松、和谐的氛围中完成高效的写作训练，从而提高写作水平。因此，教师在引导学生提笔写作之前，首先要分清行文主次。第一重要的是以此目标为导向，把握材料核心内容并将其融入写作主线中，作为写作的心脏和大脑；其次是遵循写作结构和英文写作要素，事件、观点、看法、总结等，以确保文章的骨骼完善；再次是句型、词汇的准确运用。字数、用词是否高级、标点符号是否准确等都是完善文章的重要部分，也是引导学生将自己从阅读材料中获得的信息进行总结和归纳，开始续写故事的前提。这部分在之前已经做好了充分的准备工作，学生基本明确故事写的内容，自己之后要向哪个方向写，以及写作的大概内容。在具体创作时，还需注意自己的内容和思路应该通过怎样的案例、语言风格等，应在联系前文的基础上进行，促进学生将语篇内容运用到续写的新创作中，实现知识的快速转化和运用；最后是对整篇文章的中心思想加以总结，聚焦全文的核心观点，提出自己的想法和观点，升华文章。这一步骤尤为重要，无论是各个段落对本段内容的总结和升华，还是文章结尾对全文的总结和升华，都是学生在吸收语篇内容、结合以往知识进行综合加工后，自己所获得并创造的、真正属于自己的思想内核，这是思维品质得到提升和发展的重要体现。将个人独特观点表达并分享、总结，能有效促进思想升华和认知水平发展，推动学生在螺旋式上升的良性循环中，不断产生新的经验并提高写作能力。

高中英语读后续写教学实践的开展，结合科学、合理的教学方法能够有效促进提升高中生思维品质，包括系统化思维，思维的逻辑性、批判性、深刻性、全面性等。首先，在开始教学前，教师应向学生立下一些规矩，并在教学中身体力行地执行这些规矩，以帮助学生逐渐扭转写作中的不良学习方法和习惯，减少教学阻碍；其次，教师要引导学生全方位分析阅读材料，明确续写方向和框架；最后，要由材料本身引发新的思考，发展批判性思维，并在保证结构完整、条理清晰的前提下成功实现续写。如此才能让学生从开始到结束的各个环节，都获得有关思维品质和能力的培养，切实提高写作水平。

# 结束语

　　高中英语教学旨在培养学生的语言综合运用能力，而阅读与写作作为英语学习的基本技能，对学生的综合能力发展具有重要的意义。但在实际教学中，部分教师依然把阅读与写作分开教学，结果差强人意。本书试图从高中英语阅读模式、写作模式等方面分别做详细论述，为读写结合教学打开突破口，根据读写结合的教学现状，提出了"思维品质提升教学质量"的具体策略。帮助高中教师掌握指向思维品质提升的高中英语读写结合教学内容，为以后的教学实践奠定良好的基础。

# 参考文献

## 一、著作类

[1] 晁友波 . 高中英语课堂教学模式创新 [M]. 北京：现代出版社，2019.

[2] 何亚男，金怡，张育青，等 . 高中英语写作教学设计 [M]. 上海：上海教育出版社，2017.

[3] 沈龙明，赵月玲 . 高中英语有效教学实用课堂教学艺术 [M]. 北京：世界图书出版公司，2009.

[4] 王德艳 . 普通高中英语课堂教学现状及对策 [M]. 南昌：江西高校出版社，2012.

[5] 云雅峰 . 高中英语读写结合视阈下的有效教学 [M]. 长春：吉林人民出版社，2019.

[6] 朱少彪 . 基于核心素养的高中英语听力词汇教学初探 [M]. 沈阳：辽海出版社，2018.

[7] 庄彩芹 . 浅谈高中英语阅读教学与研究 [M]. 北京：北京邮电大学出版社，2015.

## 二、期刊类

[1] 董越君 . 高中英语读写结合教学新思路探索 [J]. 中小学外语教学（中学版），2016，39（2）：54-59.

[2] 顾素芳 . 立足文本随文练写——高中英语课堂教学中的读写结合 [J]. 教学月刊（中学版），2013（3）：35-39.

[3] 李漫 . 提升高中英语读写课有效性的策略——以一次同课异构活动为例 [J]. 中小学外语教学（中学版），2017，40（6）：8-13.

[4] 李明 . 探析高中英语写作教学中的思维训练方案 [J]. 英语画刊（高中版），

2021（22）：68–69.

[5] 李小妹 . 指向思维品质提升的高中英语读后续写教学实践 [J]. 新课程，2021（4）：196.

[6] 濮晓粹 . 高中英语阅读教学中的"思维五步法"[J]. 现代基础教育研究，2021，41（1）：199–203.

[7] 钱小芳，王蕾 . 连接视角下的高中英语读写结合的途径与方法 [J]. 中小学外语教学（中学版），2020，43（12）：12–17.

[8] 苏克银 . 基于 KEEP-CRITICAL 模式的高中英语读写结合教学初探 [J]. 现代中小学教育，2017，33（7）：53–58.

[9] 王洪波 . 高中英语读写结合阅读教学例析 [J]. 中小学英语教学与研究，2016（2）：55–58.

[10] 温日禄 . 高中英语阅读教学中学生思维能力培养路径研究 [J]. 校园英语，2021（29）：200.

[11] 吴国艳 . 高中英语读写结合教学对思维能力的影响 [J]. 考试周刊，2017（30）：127.

[12] 夏谷鸣 . 读后续写：英语学科核心素养的一种评价途径 [J]. 中小学外语教学（中学版），2018，41（1）：1–6.

[13] 谢丹 . 从高考读后续写题型看高中英语读写教学 [J]. 中小学外语教学（中学版），2017，40（11）：1–6.

[14] 谢丹 . 聚焦文化意识培养的高中英语读写教学 [J]. 中小学外语教学（中学版），2020，43（3）：1–6.

[15] 邢文骏 . 概要视角下高中英语读写教学存在的问题及其对策 [J]. 教学与管理（中学版），2017（2）：47–50.

[16] 熊丽萍 . 在读写课中培养学生的高阶思维能力 [J]. 中小学外语教学（中学版），2018，41（7）：50–55.

[17] 许蓉 . 思维型读写结合在高中英语教学中的应用 [J]. 考试周刊，2019（82）：104.

[18] 杨晓霞 . 高中英语课堂教学原则 [J]. 教师博览（科研版），2015（4）：59.

[19] 张莲玉 . 读写结合在高中英语记叙文阅读教学中的应用策略 [J]. 当代家庭教育，2021（22）：177.

[20] 张强 . 高中英语读写结合课 ACTIVE 教学模式的构建与实践 [J]. 教学月刊（中学版），2015（13）：12-16.

[21] 张希军 . 浅谈高中英语阅读教学中的问题和对策 [J]. 中学生英语，2022（8）：49.

[22] 张献臣 . 基于教材读写板块开展高中英语读写结合教学的策略 [J]. 中小学外语教学（中学版），2021，44（11）：35-40.

[23] 张迅红 . 高中英语课文教学和作文训练的完美结合——谈议论文体裁的读写结合教学 [J]. 语数外学习（高中版下旬），2015（8）：45-47.

[24] 张智丰 . 基于"输出驱动—输入促成假设"的高中英语读写结合教学 [J]. 中小学英语教学与研究，2019（6）：35-40.

[25] 郑颖 . 在高中英语读写课上运用思维型课堂理论的实践探索 [J]. 中小学外语教学（中学版），2019，42（5）：20-25.